내 아이와 소통하기

내 아이와 소통하기

완벽한 부모는 없다

크리스텔 프티콜랭 지음 | 배영란 옮김

나무생각

1장
부모와 아이의 소통을 막는 장애물

2장

내 아이를
지켜주는 화법

3장
내 아이를 위한
훈육법

4장

내 아이를 위한
수용법

몇 년 전부터 '소통'이라는 단어가 사람들 입에 꽤 자주 오르내린다. 아마도 소통이 삶의 필수적 요소라는 인식이 일었기 때문일 것이다. 소통은 사생활은 물론 직장 생활, 사회생활 등 삶의 모든 영역에 걸쳐 반드시 필요하다. 대인 관계가 무너질 때마다 우리는 일단 소통의 부재에 대해 생각해 보게 된다. 소통이 제대로 이뤄지지 않는 관계에서는 오해와 원한이 쌓이기 쉽다. 부부가 이혼을 하는 이유도 대개는 서로 간의 소통 부재 때문이다.

보다 포괄적인 관점에서, 사회학자들은 최근 몇 년간 이혼이 급증하고 가족 간의 불화가 늘어나는 현상에 주목했다. 통계적으로 봤을 때 가족의 범위가 크게 축소되었다. 친척 어른이나 사촌들과의 왕래도 거의 없으며, 성인이 되어 각자의 가정을 꾸린 다음에는 형제자매와의 교류도 눈에 띄게 줄어든다. 자식들과의 반목 관계 때문에 손주들마저 보지 않는 할머니, 할아버지도 많다. 핵가족화로 인해 이제는 정말 부모와 자식만 남게 됐다. 따라서 한 집안의 관심은 모두 자녀에게로 쏠릴 수밖에 없다. 부모의 정서적 욕구와 성공에 대한 열망을 모두 자녀가 짊어지게 된 것이다. 자녀의 가녀린 어깨로 이를 감당해 내기에는 부모의 기대가 지나치게 부담스러울 뿐만 아니라 이는 자녀에게 과도한 권력을 부여해 주는 결과를 가져오게 되었다. 이로써 부모와 자녀의 관계 또한 크게 무너졌다.

21세기에 접어들어 서로에 대한 존중과 원활한 소통의 필요가 더욱 절실해졌다. 요즘에는 의도치 않게 감정을 건드리거나 말실수를 했을 때 서로 너그럽게 넘어가는 경우가 드물다. 원래의 관계와 상관없이 필요에 의한 그저 좋은 관계를 유지하거나 아예 관계를 끊거나 둘 중 하나를 선택한다. 따라서 서로 간의 소통에 주의를 기울이며 이를 발전시키려는 노력은 더욱 의미 있고 중요한 일이 되었다.

대다수 사람들은 소통이 그저 자기 말을 하고 상대가 이를 듣게끔 만드는 것 정도라고 생각한다. 소통이 그 정도에 국한된다고 본다면 이는 큰 오산이다. 올바른 소통은 정확히 그 반대이기 때문이다.

소통은 다른 사람의 말에 귀를 기울이는 것이고, 그 사람의 세계로 들어가 그를 이해하고자 노력하는 것이며, 그 사람과 그 사람의 삶에 진심으로 관심을 기울이고, 상대가 무엇을 좋아하는지, 어떤 감정을 느끼는지 주의 깊게 살피는 것을 의미한다.

소통이란 단순히 내 이야기를 하거나 이를 듣게끔 만드는 게 아니라 상대를 수용하고 인정하는 태도를 보임으로써 이 사람이 우리에게 무언가 중요한 존재라는 사실을 비언어적으로 전달하는 것이다. 말로 절대적인 호감이나 믿음을 표현해도 구체적인 행동이 수반되지 않는다면 그 말을 얼마나 신뢰할 수 있겠는가? 관계에서 전반적으로 나타나는 우리의 태도는 말로 표현하는 것보다 훨씬 더 많은 것을 상대에게 전달한다.

　부모와 자식 간의 소통은 굉장히 왕성하게 일어나면서도 상당히 복합적인 양상을 띤다. 다차원적인 소통이 이뤄지기 때문이다. 특히 아이의 소통 능력은 상상을 뛰어넘는다. 아이는 현재의 어른들과도 소통을 할 수 있고, 동시에 무의식적으로 자신과 같은 나이였을 때의 우리(어른)와도 소통할 수 있다. 이 때문에 간혹 아이들은 현재의 어른들에게서 강한 정서적 반응을 이끌어내기도 한다.

　게다가 아이들은 매우 섬세한 지적 능력과 번뜩이는 직관을 갖고 있다. 우리가 어딘가 맞지 않는 말을 하거나 행동을 보이면 아이들은 이를 금방 눈치채며, 말로 표현하지 않은 부분이나 미심쩍어하는 부분이 있어도 곧 알아챈다. 그리고 이를 모호한 상태로 내버려두지 않고 곧장 말로 표현한다. "지난번엔 이러지 않았잖아."라던가 "언제 이거 해 준다고 해놓고 왜 안 해줘?", "전에는 이렇게 했는데 이번에 는 왜 이렇게 안 해?"라고 말로 직접적으로 표현하는 것이 다. 이런 반응은 우리를 당혹스럽게 만들곤 한다.

진실은 아이들의 입에서 나온다는 말도 있고, 아이들은 거짓말하지 않는다는 말도 있다. 그러면서도 아이들은 굉 장히 순진하여 우리가 한 말을 곧이곧대로 다 믿을 수도 있 는데, 이 경우 지극히 평범한 말이라도 아이들에게는 혼란 을 줄 수 있다. 예를 들어 "그 여자, 작년에 남편을 잃었대." 라는 어른들의 말을 우연히 들은 아이는, 일단 '잃어버리다' 라는 단어의 의미에 집착하여 열쇠나 장난감을 잃어버리는 것처럼 누군가를 영원히 '잃어버릴' 수도 있다고 받아들인 다. 그러다 엄마가 "엄마랑 손 잡자. 마트에 사람도 많은데 너 잃어버리면 큰일이잖아."라고 말하는 것을 들으면 본의 아니게 그 같은 사실을 확인하는 격이 되어 아이의 이 당혹스러운 시각은 더욱 확고해진다.

이뿐만 아니라 아이들은 비언어적 표현의 의미를 해석하는 능력도 뛰어나다. 우리의 태도나 얼굴 표정, 말할 때의 억양, 특히 우리의 동작이나 행위 등이 암시하는 의미를 알아내기 때문이다. 그런데 우리의 이러한 비언어적 표현이 실제로 아이들 앞에서 하는 말들과 언제나 일치하는 것은 아니다. 사실, 아이에게는 어른들의 솔직하고 일관된 표현이 필요하다. 그래야만 이를 바탕으로 자신의 논리를 완성해 나가기 때문이다. (이는 장차 아이의 수학적 기질로 발전하기도 한다.) 그러므로 아이 앞에서는 일관성 있게 분명히 표현하는 편이 좋다.

가령 아이가 마트에서 게임팩을 사달라고 조를 때 단순히 "돈 없어."라고 잘라 말하기보다는 "이번 달에는 집세며 생활비며 돈 나가는 게 너무 많아서 이 게임팩은 못 사주겠는걸."이라거나 "엄마 생각에 이 게임팩은 너무 비싼 것

같아. 이런 건 생일이나 크리스마스에 받는 특별한 선물이
지."라고 분명히 이야기해주는 편이 낫다. 그렇지 않으면
아이는 조금 전까지만 해도 자기한테는 돈이 없다고 한 엄
마가 계산대에서 태연히 카드를 내미는 것을 보고 의아해
할 수 있기 때문이다.

그렇다면 이 애매한 상황들을 어떻게 풀어나갈 것인가?
우리가 아이와의 소통에서 나타나는 모든 특징적인 요인들
을 고려하여 능숙하게 대처할 수 없다는 것은 주지의 사실
이다. 그런 요인이 한두 개도 아닐뿐더러 미묘한 부분도 많
기 때문이다. 다만 우리의 말뿐만 아니라 행동까지 그대로
아이에게 전달이 된다는 점은 충분히 숙지하고 있어야 한
다. 일상생활 속에서 우리가 아이들에게 보여주는 행동들
을 포함하여, 아이와의 관계에서 이뤄지는 전반적인 커뮤
니케이션은 정확하고 일관된 메시지를 담고 있어야 하고,

상식에도 어긋나지 않아야 한다. 아이는 주변 사람들의 말과 행동을 기반으로 자신감과 미래에 대한 신뢰를 키워가기 때문이다.

　대부분의 부모는 자기 자식을 사랑한다. 각자 나름의 방식으로 '좋은 부모'가 되고자 노력하며, 아이가 잘 자라리라는 기대를 품고 성심성의껏 부모의 도리를 다한다. 하지만 애초의 취지는 좋았을지라도 완벽한 부모가 되겠다는 꿈은 언젠가 현실의 벽에 부딪히고 만다.

　날이 갈수록 상황이 복잡해지면서 좌절감과 죄의식이 늘어나고, 이에 따라 부모들은 결국 좋은 부모라는 이상과 현실적인 무능함 사이에서 하루에도 몇 번씩 갈팡질팡한다. 별의별 일이 다 생기는 일상 속에서, 매 순간을 어떻게 대처해야 한다는 매뉴얼이 부모들에게는 없기 때문이다. 이럴 때는 어떻게 해야 하고 저럴 때는 어떻게 해야 하는 것인지 궁금한 게 수만 가지이지만 그에 대한 정답도 없다.

자녀와 올바른 소통을 하기 위해 지켜야 할 기본 규칙 가운데 핵심이 되는 몇 가지 요소는 아래와 같다.

- 아이를 보호하되 과잉보호는 하지 마라.
- 아이의 말을 들어주되 어느 한도까지만 들어주라.
- 확고한 선을 정해두고 그 안에서만 허용하라.
- 건설적인 비판과 동시에 다각적으로 격려하라.

이 과정에서 명심해야 할 것은 다음과 같다.

- 완벽한 부모가 되려고 하지 말고, 쓸데없는 죄책감을 갖지 마라.
- 아이를 어른이 아닌 아이로서 대하고, 적정선을 정해 주라.
- 아이의 말을 잘 들어주며 자신감을 갖게 하라.

아이에게 애정을 쏟으면서도 단호하게 훈육하기는 쉬운 일이 아니다. 이 책은 그 미묘한 균형을 잡는 데에 도움이 될 만한 구체적인 방안을 제시한다. 아울러 독자들은 이 책을 통해 아이와의 소통 과정에서 생긴 여러 가지 의문점에 대한 명쾌한 해답을 찾을 수 있을 것이며, 부모로서의 역할에 대해 장기적인 관점을 유지할 수 있을 것이다. 가장 중요한 것은 자녀의 미래라는 것을 기억하자.

1장

부모와 아이의
소통을 막는 장애물

부모와 자녀의 원활한 소통을 위한 첫 번째 과정은 안정적이고 객관적인 관계 형성을 저해하는 다음의 세 가지 주요 요인을 탈피하는 것이다.

- 죄의식
- 완벽주의
- 아이를 어른과 동등하게 대하는 태도

부모의
죄의식

그동안 상담과 교육을 진행해 오면서 죄의식에 얽매인 채 살아가는 부모들이 굉장히 많다는 사실을 알게 됐다. 이는 특히 아이 어머니 쪽에서 빈번하고 강하게 나타났는데, 이 같은 죄의식은 스스로에게도 매우 불편한 감정이지만, 자녀와의 올바른 관계 형성에도 악영향을 미친다.

부모의 죄의식은 아이의 교육적 측면에서 그야말로 독이다. 죄의식이 생기면 이는 모든 가치 기준의 척도가 되며, 이에 따라 부모는 가장 기초적인 수준의 객관적 판단력까지 상실한다. 스스로 정한 한계선도 흔들리고 불확실해지는데, 부모가 그 순간 느끼는 죄의식의 정도에 따라 어디까지는 허용이 되고 또 어디까지는 허용이 안 되는 것인지의 경계가 직접적으로 달라진다. 이에 따라 일관성 없이 앞

Christian Krohg, 〈Mother and Child〉, 1883, 48×53cm, Norway National Gallery

뒤가 안 맞는 훈육이 이루어진다. 이런 훈육은 장차 아이의 학습 능력에 부정적인 영향을 미칠뿐더러 아이의 전반적인 성장에도 안 좋은 결과를 가져온다. 아이가 신뢰할 만한 지표가 없기 때문이다.

아이에게 수면이 부족한 상황을 예로 들어보자. 잠이 부족한 아이가 제시간에 일찍 자야 한다는 건 지극히 당연한 사실이다. 그런데 아이의 어머니가 회사에 나가 일을 하는 '이기적인 나쁜 엄마'여서 하루 종일 자기 아이를 '엄마와 떨어져서 있도록 내버려두었다'는 죄책감에 사로잡혀 있다고 치자. 아이가 "엄마, 조금만 더 놀아요. 오늘 엄마 얼굴도 많이 못 봤잖아요!"라며 어리광을 부릴 때 이 어머니는 아이를 단호히 침대로 보내지 못한다. 하지만 요즘 아이들은 부모의 애정보다 잠이 더 부족하다는 게 대부분의 소아과 전문의들의 공통된 견해다.

한 가지 또 다른 사례가 있다. 이혼한 아버지와 함께 사는 자녀의 경우다. 이 아버지는 아이를 오냐오냐 키우고 있긴 해도 아이가 식탁에서만은 얌전히 예의를 지켜야 한다고 생각하는 사람이었다. 하지만 막상 아이가 게걸스럽게 식사를 하는 것을 본 아버지는 아이를 훈계하려고 하기보다는 '내가 아이랑 보내는 시간이 주말뿐인데, 이 시간만큼은 애랑 싸우고 싶지 않다'고 생각한다. 따라서 아버지는 아이의 태도에 관해 아무 말도 하지 않고, 아이는 올바른 식사 예절을 배우지 못한 채 자라난다.

부모가 죄의식을 가질 경우, 자식에 대한 과잉보호와 학대가 교대로 나타날 우려도 있다.

죄의식을 가진 부모는 '나쁜 부모'라는 불명예스러운 타이틀을 벗어던지기 위해 아이에게 도를 넘어설 정도로 잘해준다. 잘해줘도 너무 잘해줘서 탈이다.

이 부모는 지나친 부성애─모성애를 발휘하고, 혹여나 자기 아이가 조금이라도 불편해할까 노심초사하며 아이가 아무런 걱정이나 불편 없이 살아갈 수 있도록 아이를 지켜주려 노력한다(과잉보호). 그러다 보니 부모는 결국 온갖 궂은일을 도맡는 노예로 전락한다. 이 경우 아이에게 부모는 언제든 자기 맘대로 조종할 수 있는 존재이자 자기 앞에서 무한한 인내심을 발휘해야 하는 존재로 인식된다. 부모는 아이의 생각에도 무조건적으로 동의해 주어야 한다.

그렇게 왕으로 군림하는 아이는 곧 집안에서 노예가 된 부모에게 무소불위의 권력을 휘두르는 폭군으로 등극한다. 하지만 아이가 행동의 한계를 모르고 가치의 척도가 없는 작은 악마로 변신한다면, 부모도 결국 한계에 다다른다. 그 결과 부모는 소리를 지르고 호통을 치며, 아이와 대치하다가 급기야는 손찌검까지 하고 만다(학대).

상황이 이렇게 흘러간 다음에는 아이에 대한 부모의 죄책감이 한층 더 커지고, 부모는 또다시 '나쁜 부모'가 되었다는 불명예를 벗기 위해 꾹 참고 아이를 받아준다. 이에 따라 아이는 또다시 선을 넘어가고, 이는 다시 부모의 폭발로 이어지며, 부모는 또다시 소리를 지르고 호통을 친다.

부모가 죄의식을 떨치려 하면 할수록 악순환이 반복되며, 부모의 죄의식은 점점 커져만 간다.

부모의 죄의식과 그에 따른 교육적 폐단을 주제로 강연을 할 때, 청중들 사이에서 자기 입술을 꽉 깨물거나 안절부절못하는 부모들이 자주 눈에 띈다. 부모에게 그런 죄의식이 너무 뿌리 깊게 박혀 있는 나머지, 죄의식에 대한 문제를 짚어주면 죄의식 때문에 그렇게 된 자기 자신에 대해 또다시 죄의식을 느끼는 것이다.

이렇듯 한 번 느끼기 시작한 죄의식은 그 끝이 없다. 따라서 제대로 된 부모의 역할을 하지 못하도록 가로막는 이

끈질긴 감정으로부터 한시라도 빨리 벗어나야 한다. 부모는 분명 자식에 대한 책임이 있다. 하지만 부모가 죄인은 아니다.

아이의 장애에 대한 죄의식

장애에 관련해 발현되는 죄의식도 있다. 조산을 한 경우, 아이가 장애를 가지고 태어난 경우, 혹은 유전병을 앓는 경우 이런 종류의 죄의식이 나타나는데, 특히 어머니 쪽에서 꽤 심할 정도로 이러한 감정에 시달린다. 어머니들은 아이를 '완성'해 내지 못한 것이나 질병 유전자로부터 아이를 보호하지 못한 것에 대해 무의식적으로 스스로를 자책한다.

조산아나 장애아의 경우 과보호가 더욱 심화되어 나타날 수 있으며, 이에 따라 학대가 이뤄질 가능성 역시 높다. 통계에 따르면 미숙아로 태어난 아동의 경우, 부모로부터 학대를 더 많이 받는 것으로 나타났다.

만일 이런 죄의식을 느끼고 있다면 주변 사람이나 전문
가의 도움을 받아야 한다. 부모 역시 그러한 상황의 피해자
이지 결코 그 책임자가 아니라는 사실을 깨달을 수 있을 때
까지 상당한 심리적 지지가 필요하다.

완벽한 부모에 대한
환상

부모라면 누구나 자녀에 대한 사랑으로 자식에게 조금 더 잘해줄 수 있는 무언가를 모색한다. 조금 더 나은 교육을 시켜주려 하고, 애정도 더 많이 쏟아부으려 하며, 자식이 원하는 것은 뭐든 다 해주고 싶어 한다. 자신을 억누르며 조금 더 참고 인내하려 애쓰는 한편, 자기가 어릴 적 누리지 못했던 모든 것들을 해주려 노력한다.

이렇듯 모두가 자신의 아이에게 좋은 부모가 되려고 노력하며, 가능하다면 완벽한 부모가 되고 싶어 한다. 이 모든 인식들을 일관적으로 관통하는 종합적 사고관이 곧 부모의 전반적인 교육관으로 나타나는데, 문제는 부모로서의 역할과 자녀의 교육에 대한 이러한 인식이 서로 상반되고 모순될 때가 많다는 점이다. 그래서 실제 교육이 이뤄질 때에는 애초의 교육 방침과 실질적으로 행해지는 교육 내용이 서로 맞부딪칠 때가 많다.

왜 완벽한 부모를 꿈꾸는가

부모가 된 독자들이면 다들 알 테지만, 부모는 아무런 매뉴얼도 없는 상황에서 아이라는 존재를 맞이한다. 부모 자격을 인증해 주는 학위도 없다. 부모라는 직업은 이론 교육과 실제가 전혀 다른 유일한 직업이다. 확실한 효력이 있는 자녀 양육 비법 같은 것은 어디에도 없고, 어떤 아이에게는 주효했던 방식이 또 다른 어떤 아이에게는 전혀 먹혀들지 않는 경우도 많다.

부모들은 현장에서 피부로 부딪히며 이 부모라는 직업의 '업무 수행 방식'을 터득해야 하고, 늘 끊임없는 시행착오를 반복하며 양육 방식을 조절함으로써 내 아이에게 맞는 적절한 방식을 찾아내야 한다. 부모로서의 과업이 다 끝났을 때, 다시 말해 아이가 스스로 독립할 수 있는 성인의 나이가 되었을 때에야 비로소 부모는 자신이 성공적으로 임무를 완수했는지 아닌지를 알 수 있다. 자식 교육을 다 마치기 전까지는 그 자신이 좋은 부모였는지 나쁜 부모였는지 알 수조차 없다.

이러한 시행착오 이외에도 아이를 올바르게 키우기 위해서 부모로서 해야 할 일이 한두 가지가 아니다. 이 사회는 언제 어디서든 혼자 힘으로 그 즉시 모든 것을 다 해결할 수 있는 부모를 기대하는 동시에, 부모가 자녀 앞에서 본능적으로 바른 자세와 태도를 보임으로써 자녀의 성장과 사회화에 이바지하기를 바란다.

요컨대 이 사회는 모든 부모들에게 모든 면에서 완벽한 부모의 모습을 요구하고 있는 것이다. 따라서 어떤 부모라고 해도 이 사회에서는 어딘가 잘못한 부모가 되고 만다. 아이들 곁에 있어주되 너무 붙어 있으면 안 되며, 아이를 엄격히 대하되 지나치게 엄격해도 안 되고, 과보호를 해서도 안 되고, 무책임하게 아이를 방치해서도 안 된다.

부모가 된 나의 주위에는 내 양육 방식에 대해 왈가왈부하는 사람들로 가득하다. 할머니, 할아버지, 교사, 의사, 친구들(부모이든 아니든) 모두가 한 소리씩 하며 나의 자녀 양육 방식에 대해 훈계를 늘어놓는 것이다. 비슷한 상황에서도 "애한테 너무 심한 거 아냐?"라고 한마디 던지는 사람이 있는가 하면, 다른 사람은 "애가 저렇게 제멋대로 하도록 내버려두면 안 되지!" 하고 훈수를 둔다.

부모의 주위에는 왜 그렇게 뭘 하든 옆에서 한 소리씩 해대는 사람들이 있는 걸까? 그것은 각자가 '올바른 교육법'에 대한 자기만의 생각을 갖고 있기 때문이다. 그리고 다들 자신의 교육법이 최고라고 생각하기 때문이다.

특히 기독교 문명을 기반으로 한 서구 사회에서는 예수의 어머니인 성모 마리아를 이상적인 모델로 삼으며 순수하고 희생적인 어머니상을 정립했다. 2천 년간 기독교 문화권을 지배해 온 이 이상적인 어머니상 때문에 우리의 무의식에 성모 마리아 같은 '좋은 어머니'와 그 반대에 해당하는 '나쁜 어머니'의 이분법적 체계가 그려지고 말았다.

정신분석 분야의 발전도 한몫한다. 물론 정신분석 이론의 연구 성과 덕분에 우리는 어린 시절의 잘못된 교육이 아이에게 얼마나 치명적인 정신적 외상을 입힐 수 있는지 알게 됐다. 아이의 미래에서 양육이 차지하는 중요성을 깨달은 것은 인류의 성장에 있어 굉장한 발전이었다.

하지만 이 사회는 그 같은 학술적 성과를 이용하여 어머니들에게 또다시 비난의 화살을 돌린다. 다른 원인에 대해서는 생각해 보지도 않은 채 아이에게 생기는 모든 문제의 원인을 아이 어머니의 잘못된 양육 방식 때문으로만 치부하는 것이다. 모든 것을 어머니의 책임으로만 돌리면 문제 해결도 꽤 쉬워질 것 같지만, 제도적으로 육아 보조가 제대로 이뤄지지 않는 현실 속에서 어머니 혼자 아이를 키우기란 그리 쉽지 않다.

보육 시설의 수도 턱없이 모자라고 출산 휴가도 너무 짧을뿐더러, 아이들이 학교에서 보내는 시간이 부모의 직장 근무 시간과 딱 맞아떨어지는 것도 아니다. 부모의 개인적인 삶은 전혀 고려 대상이 아니다. 게다가 집에서 전업주부로 아이를 보는 어머니들을 멸시하는 시선까지 있다.

사람들은 대부분 좋은 어머니와 나쁜 어머니에 대한 환상을 갖고 있다.

좋은 어머니라 함은 아이가 무엇을 필요로 하는지 금세 알아챌 수 있는 어머니를 말한다. 좋은 어머니는 숨 쉬는 것만큼이나 자연스럽게 본능적으로 아이를 돌보고, 이로부터 즐거움과 만족감을 느낀다. 자기 자신을 구속하거나 강요할 필요도 없다. 좋은 어머니에게 있어서 아이를 돌보는 일은 전혀 짜증 나는 일이 아니기 때문이다.

좋은 어머니는 아이와 함께 조화로운 삶을 살아갈 줄 아는 사람이고, 아이를 키우는 데에 필요한 노하우라면 전부 다 꿰뚫고 있다. 바느질도 잘하고, 젖병 소독도 기가 막히게 하며, 중이염 같은 게 생기면 귀신같이 알아챈다. 사람들로 붐비는 장소에서는 아이를 얌전히 있게 하는 신통한 재주도 갖고 있다.

좋은 어머니는 아이의 몸을 돌봐주는 것은 물론, 정신적으로도 아이의 든든한 버팀목이 되어주며 한없는 사랑을 베푼다. 해 뜰 때부터 해 질 때까지 전혀 감정의 기복 없이 차분하고 침착하게 아이를 돌보며 환한 미소를 유지하고, 아이가 지켜야 할 선도 분명히 그어주며, 동시에 실질적인 위협이 될 만한 요소로부터 아이를 안전하게 지켜낸다. 아이에 대한 헌신과 아이를 돌보며 느끼는 즐거움에는 언제나 흔들림이 없다.

그에 반해 나쁜 어머니는 아이에게 금세 싫증을 내고, 아이가 편안하게 잘 있는지의 여부에는 무관심하다. 이런 어머니는 너무도 이기적이어서 자신의 아이에게 필요한 게 무엇인지도 알지 못한다. 아이의 욕구를 지각하지 못하고,

아이의 감정에 대해서도 이해하지 못하며, 종종 아이를 자신의 심리적 만족감을 채우기 위한 존재로 이용한다.

나쁜 어머니는 자기도 모르게 아이에게 안 좋은 행위를 일삼는다. 자기 때문에 아이가 힘들어해도 왜 그러는지, 뭐가 잘못된 것인지 깨닫지 못하기 때문에 행동의 개선도 기대할 수 없다.

이렇듯 우리 사회는 어머니에게 지나치게 엄격한 잣대를 들이댄다. 왜 그렇게 성숙하지 못한 태도로 주관적인 잣대를 들이대는 것인지 모르겠다. 마치 갓난아기와 같은 정신연령으로 모든 어머니에게 일괄적 기준만을 제시한다. 어머니는 아이에게 헌신하는 게 '당연'하며, 24시간 내내 아이 곁에서 대기 상태로 있어야 하고, 평생을 그렇게 사는 게 상식적으로 말이 되는 소리인가? 어머니를 가르치려고 하는 그 모든 잔소리와 훈계도 이 잣대를 기본 바탕으로 깔고 있다. 한 아이의 어머니가 추구해야 할 목표는 앞서 말한 바와 같이 '완벽한' '좋은' 어머니가 되는 것이다.

육아 매뉴얼에서도 어떻게 하면 헌신적으로 온 힘을 다해 아이를 키우는 완벽한 부모가 될 수 있는지를 가르친다. 그 어떤 매뉴얼에서도 아이가 잠든 시간 동안 기분 전환을 할 수 있게 손톱에 매니큐어라도 칠해 보라는 조언이 적혀 있지 않으며, 주말에는 부부끼리의 데이트를 만끽한 뒤 주중에 다시 힘을 내어 즐겁게 아이를 돌보라고 제안하는 경우도 볼 수 없다.

아이를 키우다 보면 부모도 짜증과 싫증이 날 수 있음을 일러주는 육아 매뉴얼은 좀처럼 찾아볼 수 없으며, 솔직히 다시 아이가 없던 시절로 돌아가고 싶은 마음이 들 때도 있다는 걸 말해주는 책도 없고, 잠시나마 그런 마음을 가진다고 해서 그렇게 매정하거나 비정한 사람이 되는 건 아니라고 말해주는 책도 찾아보기 힘들다. 단 5분간의 휴식을 취할 수 있는 작은 팁이나 반나절 정도 아이한테서 벗어나 조금이나마 해방감을 만끽할 수 있는 방법을 일러주는 책도 존재하지 않는다. 오히려 아이를 위해 조금 더 노력할 수 있는 방법은 무엇인지, 어떻게 하면 조금 더 사랑하는 내 아이에게 신경 쓸 수 있는지만 읊어댄다.

완벽주의를 바라는 이 같은 시각은 황당한 발상에 가깝다. 좋은 어머니와 나쁜 어머니라고 하는 건 어머니라는 한 역할을 두 가지 측면으로 단순화한 것일 뿐이며, 나아가 모든 부모를 천사와 악마로 구분하는 이분법적 시각에 지나지 않는다.

물론 정말로 부모 자격이 없는 비인간적인 부모도 일부 있지만, 대부분의 부모는 다 자기 자식을 사랑하며, 아이를 위해 최선을 다하고자 한다. 하지만 제아무리 자기 자식을 사랑하는 부모라도 일상생활을 하다 보면 좌절감도 맛보고 패배감도 느끼게 마련이다. 그리고 아이 앞에서 더 이상 인내심을 발휘하지 못할 때, 아이를 잘 키워야겠다는 의욕을 잃는다.

　완벽한 부모라는 환상을 좇기 위한 기력이 더 이상 남아 있지 않은 지친 상태에서, 부모는 곧 죄책감을 느끼기 시작한다. 이런 상황에서도 모든 것을 전적으로 부모에게만 의존하는 아이는 계속해서 부모에게 상당한 관심을 요구하고, 부모 입장에서는 자식을 향한 이 끝없는 노력이 감당하기 힘든 지경에 이른다.

　부모라면 한 번쯤 자식에 대한 자신의 사랑이 과연 100% 진심인지 자문할 때도 있었을 것이고, 아이가 필요로 하는 모든 것을 채워주지 못해 곤혹스러울 때도 있었을 것이다. 하지만 객관적으로 보면, 우리는 모두 아이를 무척 사랑하지만 이따금씩 아이들은 우리를 시험에 들게 한다. 아이 하나를 기른다는 것은 엄청난 에너지를 소비하는 일이고, 또

Christian Krohg, 〈Braiding her Hair〉, 1882, oil on canvas, 55×49cm, Norway National Gallery

부모도 사람인지라 이따금씩은 아이의 집요한 고집에 화가 날 때도 있기 때문이다. 아이가 반복적으로 해달라고 하는 지루한 일들이 부모라고 해서 언제나 즐겁지만은 않은 것은 당연한 일이다.

완벽주의의 위험성

완벽한 부모에 대한 환상, 즉 아이가 원하는 게 있으면 무엇이든 다 들어주고, 아이 앞에서 끝없는 인내심을 발휘하는 모범생 부모에 대한 환상은 두 가지 유형의 불균형을 야기한다.

유형 1: 지나친 부담과 압박을 주는 부모

부모 스스로가 완벽해지려고 할 때, 아이는 부모의 움직이는 성적표가 된다. 교육자로서 부모의 역량이 아이의 행동을 통해 끊임없이 드러나기 때문이다. 부모가 스스로 그려놓은 이상대로 자신이 완벽한 부모라는 점을 세상에 보여주고자 한다면, 이 부모의 아이는 완벽한 부모가 실시한 완벽한 교육에 부합하는 완벽한 아이여야 한다.

만일 아이가 완벽하지 않다면 이는 곧 부모의 교육법이 완벽하지 않았다는 뜻이고, 이에 따라 그 부모 또한 완벽한 존재가 되지 못한다. 부모가 스스로 완벽한 부모라는 확신을 가질 수 있도록 그 자신도 완벽한 존재가 되어야 하는 아이는 짊어져야 할 짐이 보통 무거운 게 아니다.

유형 2 : 완벽한 세상을 만들어주는 부모

어떤 부모가 모두의 무의식적 상상 속에 존재하는 그런 완벽한 부모라면 그는 모르는 것도 없고, 한 번 한 약속은 다 지키며, 결코 거짓말도 하지 않는 데다, 화내는 일도, 피로해 지치는 일도, 아픈 일도 없어야 한다.

늘 아이 곁에서 원하는 것을 다 들어주며, 인내심으로 모든 상황을 감내하고, 아이의 말에도 귀를 기울여줄 것이다. 사랑해 마지않는 아이의 뜻을 거스르는 일 따위는 결코 없다. 아이가 늘 만족하고 행복해하며 한껏 자신의 나래를 펼

처가길 원하기 때문이다.

이 경우, 아이가 살아가는 가정 바깥의 세상 또한 완벽한 곳이어야 한다. 비현실적으로 긍정적인 환경에서 살아가던 아이는 삶이란 분명 쉽고 유쾌하며 재미있는 것이라고 확신한다. 하지만 이 아이가 실제로 부딪히게 되는 세상은 아이에게 실망과 좌절감을 안겨줄 수밖에 없다. 애석하게도 실제 현실은 아이가 살아오던 환경과 너무나 다르기 때문이다.

"안 돼!"라는 말이 존재하지 않는 세상

중요한 건 '완벽한 부모'를 추구할 경우, 언제 어디에서 아이에게 "안 돼."라는 말을 해야 할지 모른다는 점이다. 달리 말해 부모는 이 단어를 내뱉을 의사를 전혀 가지고 있지 않다. 이들은 "얼른 가서 자라.", "가서 숙제해야지.", "방 정리 좀 해."라는 말을 끊임없이 반복해야 한다는 게 영 내키질 않는다. 한편으로는 내 아이는 자기가 해야 할 일은 굳이 남이 뭐라 하지 않아도 알아서 하는 아이였으면 좋겠다고 생각한다.

하지만 아이들에게 매일같이 이런 지침들을 말로 일러줘야 하는 게 부모가 아이를 잘못 가르쳤다는 사실을 입증하지는 않는다. 외부의 규율이 서서히 자가 규율로 발전하는 과정을 겪으며, 몇 년간의 집중 교육이 이뤄지고 난 후에야 비로소 규율 잡힌 태도가 몸에 밴 습관으로 자리 잡기 때문이다.

아이는
아이일 뿐이다

교육과 관련해서 지난 30년간 많은 것들이 달라졌다. 요즘 아이들의 교육 환경은 우리가 어린아이였을 때의 교육 환경과 다르다. 교육 부문에서의 변화는 일단 소비 중심 사회로의 발전과 기술적 진보에서 기인한다. 우리가 어렸을 때에는 요즘같이 스마트폰 게임이 발달하지 않았었고, 조금 더 윗세대로 올라가면 TV채널도 몇 개 없었으며, 영화관도 그리 많지 않았다. 70~80년대만 하더라도 아직은 본격적으로 소비 사회에 진입하기 전이었으며, 지금처럼 이렇게 물자가 풍족하지도 않았고, 우리를 유혹하는 상품들이 넘쳐나지도 않았다. 선물이라고 해봐야 크리스마스 선물이나 생일선물, 특별한 기념일에 받는 선물 정도가 전부였다. 하지만 지금은 상황이 다르다.*

프랑스에서는 '68혁명'이 일어나면서 교육과 관련한 사람들의 생각이 완전히 뒤집어졌다. "금지된 것을 금지하라."는 저 유명한 문구가 탄생한 68혁명 이후 '친구 같은 부모'를 추구하는 사람들이 늘어나면서 부모가 자녀를 동등하게 대하려는 분위기가 확산됐다. (1968년 5월 프랑스에서 학생과 노동자가 주축이 되어 일어난 '68혁명'은 기존의 사회 질서를 폐기하고 다방면에서의 사회적 평등과 자유를 추구한 사회 변혁 운동이자 체제 저항 운동이다. _옮긴이)

하지만 '친구 같은 부모'에 대한 환상은 교육적 측면에서 상당한 폐단을 가져왔다. 광고를 보면 아이들이 집안의 최종적인 구매 결정권자로 등극했는데, 이를 보면 여러 가지 의문들이 제기된다. 오늘날 집안에서 아이들은 어떤 위치를 차지하고 있는가? 집안에서 실권을 가진 사람은 누구인가? 우리는 과연 아이를 아이로서 대하고 있는가?

---

* Voir René Blind & Michael Pool, *Mon enfant et la consommation*, éd. Jouvence, 2001.

프랑수아즈 돌토의
가르침에 대한 오해

프랑스에서는 자녀 양육에 대한 시각이 아동 정신분석 전문가 프랑수아즈 돌토(Françoise Dolto, 1908~1988)를 기준으로 이전과 이후로 나뉜다. 당시 프랑수아즈 돌토의 가르침은 가히 혁명적이었다고 할 만하다. 그러나 문제는 돌토의 가르침이 너무도 혁명적이어서 열의 넘치는 부모들이 돌토의 심리학적 방법론을 지나치게 열심히 파고든 나머지, 이를 잘못 해석하거나 곡해하는 경우가 종종 발생했다는 점이다.

오늘날 젊은 부모들이 자녀를 키우는 과정에서 부딪히는 여러 난제 중 다수가 돌토의 가르침에 대한 잘못된 이해에서 기인한다. 돌토의 사상을 어설프게 따르면서 일이 더 복잡해진 것이다. 이로써 잘못 해석된 돌토의 가르침은 가정 내에서 여러 가지 문제를 일으켰다.

혹시 돌토가 한 말에 대해 잘못된 인식을 하고 있지는 않은지, 다음을 중심으로 함께 살펴보도록 하자.

"아기도 하나의 인격체다."

돌토가 주장한 이 말은 아기를 마치 동물들의 새끼처럼 생각도 감정도 없는 존재인 양 다루지 말라는 의미로, 아기들의 정서적 반응에 관심을 갖고 인격체로서 존중을 해주라는 뜻을 담고 있다. 애초의 발언 의도는 좋았다. 하지만 그렇다고 해서 돌토가 "아기도 한 명의 어른이다."라고 말한 적은 한 번도 없었다. 문제는 대부분의 부모가 돌토의 말을 이같이 해석한다는 점이다. 부모들이 아이들을 정말로 자신과 동등하게 대한다면? 아이들 입장에서 이는 무시무시한 일이 아닐 수 없다.

"아기와도 대화를 해야 한다."

이 또한 발상은 좋았다. 예전에는 아기가 그저 식욕, 수면욕 등의 생리적 욕구만 충족되면 만족하는 존재로 여겨졌기 때문이다. 아기에게 말을 거는 법도 없었고, 나아가 아기들이 이미 꽤 많은 것을 알아들을 수 있다는 사실은 깨닫지 못한 채 아기들 앞에서 아기들 이야기를 스스럼없이 하곤 했다.

그런데 돌토의 말을 잘못 받아들인 부모들이 자녀에게

Peter Vilhelm Ilsted, 〈A Mother and Child in an interior〉, 1898, oil on canvas, 40×37cm, Private collection

별의별 대화 주제로 말을 걸기 시작했다. 심지어 아이들의 이해력을 넘어서는 선까지 계속해서 떠들어댄다. 너무 많은 정보와 상세한 설명을 퍼부으며 아이들에게 지나칠 정도로 자세히 이야기를 하면, 아이들은 당연히 이를 제대로 소화하지 못한다. 아이들의 정신 연령으로 감당하기에는 부모의 설명이 너무 길고 복잡하기 때문이다. 부모에게 무언가를 질문할 때, 자녀들은 자신의 눈높이에 맞는 대답을 기대한다.

"아이들에게 진실을 말해주어야 한다. 특히 아이들이 어떻게 태어났는지에 대해서도 알려줘야 한다."

예전에는 자녀에게 거짓말을 하는 경우가 많았다. '아이들을 위해' 진실을 숨긴 것이다. 돌토는 자녀 앞에서의 침묵이나 거짓말이 직접 말을 해주는 것보다 더 큰 정신적 외상을 안겨준다고 생각했다. 난처한 상황이라 할지라도 이야기로 잘만 풀어낸다면 이를 잘 이해할 수 있기 때문이다.

하지만 돌토의 이러한 가르침이 곡해된 나머지, 어떤 부모들은 '아이들에게 아주 세세한 부분까지 다 이야기해야 하며, 아이들과 직접적인 관련이 없는 부분이라도 빼먹지 않고 다 이야기해야 한다'고 받아들였다. 이 때문에 우리 아이들은 어찌해야 할지 모르는 무거운 짐을 떠안기도 한다. 자신과 관련도 없는 일에 대해 너무 세세한 정보를 받아들였기 때문이다.

물론 아이들에게도 진실을 말해줄 필요가 있다. 다만 개략적으로 단순하게, 불필요한 세부 사항은 제외시키면서 객관적으로 이야기를 해주어야 한다. 그리고 이 아이들의 삶에 직접적으로 연관이 있는 진실에 대해서만 말해줘야 한다.

"부모에게는 어떤 권리도 없다. 부모는 의무만을 짊어진 존재다."
예전에는 아이들이 자신의 부모를 만족시켜 주어야 했고, 부모의 기대에 부응하는 존재가 되어야 했다. 그래서 부모의 뒤를 이어 농장 일을 맡기도 하고, 부모의 바람대로 최고의 명문 공대에 진학하기도 했으며, 조기에 취업하여 부모에게 경제적 보탬이 되기도 했다. 즉, 과거의 자녀들은 어린 시절 부모로부터 받은 것에 대해 빚을 지고 있다고 생각했다.

부모가 교육자로서 자신의 책임을 인식했다는 면에서,

그리고 부모가 아이들의 말을 귀담아들어주고 자녀의 진로 선택을 존중해야 한다는 점을 강조한 돌토의 주장은 바람 직한 것이었다.

하지만 이 같은 돌토의 가르침이 왜곡되어 "모든 권리가 아이에게 있고, 아이가 원하는 것은 사소한 요구일지라도 다 들어줘야 하며, 모든 것에 대해 아이의 생각을 물어야 한다. 부모는 그 어떤 삶의 권한도 없다."고 받아들여졌다. 이에 따라 집에서 모든 권력의 중심이 된 아이들이 왕 노릇 을 하면서 여러 문제점들이 생겨났다. 이제는 집안의 어른 으로서 부모가 권력을 되찾아야 할 때다.

프랑수아즈 돌토의 주장이 맨 처음 제기됐던 당시에는 이 같은 발언들이 아이에 대한 관심을 한층 더 높여주고 아 이들을 하나의 인격체로 존중하게 한 훌륭한 계기가 되었 다. 하지만 안타깝게도 이에 대한 해석이 잘못됨으로써 정 반대의 효과가 나타났다.

자녀의 성공에 대한 욕구

　프랑수아즈 돌토의 가르침에 대한 곡해와 더불어 부모들은 자녀의 성공에 대해서도 불안감을 지우지 못한다. 그리고 여기에 경제 위기가 더해졌다. 오늘날의 부모 세대들은 해고에 대한 불안감을 안고 살아가며, 전직을 하지 않으면 안 되는 상황이고, 임시직으로 근로 계약을 하는 경우도 빈번한 데다 고용도 매우 불안정하다.

　더욱이 서문에서 이야기한 바와 같이 오늘날의 가정에서는 핵가족화가 뚜렷하게 나타난다. 오로지 부모와 자식밖에 남지 않은 것이다. 집안의 모든 관심은 아이에게로 쏠리며, 부모의 정서적 욕구나 성공에 대한 희망도 전부 아이에게로 향한다. 부모는 아이가 인생에서 성공하길 고대하며, 이를 위해 온갖 가능성을 다 제안한다. 그러다 보니 아이는 장관급의 바쁜 스케줄을 소화하면서 현실은 물론 미래에 대해서도 압박을 느끼게 된다.

　요즘 아이들은 성공해야만 한다는 의무를 강요당하는 셈이다. 그 때문에 상당한 부담감과 불안감을 느끼며, 스트레스 강도도 높다. 학교에 가면 다른 친구들과 경쟁을 하고 과도한 학업으로 이른 나이에 정신적인 혹사를 당한다. 학교와 숙제, 성적이 대화의 주된 주제이며, 나아가 집에서 부모와 나누는 대화도 오로지 공부에 관해서만 이뤄진다.

아이들의 일정은 하루 종일 쉴 틈도 없이 빼곡하게 짜여 있고, 방과 후 활동도 한두 개가 아니다. 악기를 하나쯤 다룰 수 있어야 하며, 운동도 해야 하며, 추가로 교과 예습까지 더해진다. 진정한 의미의 방학도 더 이상은 존재하지 않는다. 방학 때에도 공부해야 할 게 산더미고, 이 기간을 이용해 어학 연수도 가야 하며, 별도의 운동 프로그램도 짜여 있다. 자유 시간에도 끊임없이 어떤 성과를 얻어야 하는 신세인 것이다.

학교를 가지 않는 영유아의 장난감은 점점 더 교육적 효과를 강조하는 방향으로 나아간다. 이제는 놀기 위해 장난감을 갖고 노는 게 아니라 학습하기 위해 선택된 장난감을 이용한다. 여기에는 미묘한 차이가 있다. 아이들은 이제 꿈을 꿀 공간도 놀이를 할 공간도 없으며, 지겨워할 시간조차 없는 처지가 되었다.

이런데도 우리가 과연 아이를 아이로서 대한다고 말할 수 있을까? 분명 그렇지 않다. 아이들을 경쟁으로 내몰며

혹사시키는 데다 스트레스로 압박을 가하는 것을 보면 오늘날의 우리는 분명 아이를 어른처럼 대하고 있다.

아이의 세계와 어른의 세계에는 원래 경계가 존재한다. 예전에는 이 경계가 매우 뚜렷했다. 가령 아이들은 식탁에서 입을 열지 않았고, 어른들이 깨어 있는 시간에 잠을 자러 갔다. 어른들의 대화에도 끼어들지 않았으며, 어른들의 결정에 대해 토를 달지도 않았다.

과거의 아이들은 아무런 근심 없이 그들만의 마법의 놀이 공간을 찾아 거기서 자유롭게 살아가는 여유가 있었으며, 간혹 가벼운 손찌검을 당할 때도 있었다. 물론 이 모든 게 다 옳다는 것은 아니다.

지난 30년간 많은 게 달라졌다. 아이들은 사실상 점점 더 늦게 어른이 되면서도 점점 더 어린 나이에 어른 같은 대우를 받는다. 아이들은 어른들의 대화에 끼어들면서 대화의 맥을 끊어놓고, 집안의 의사 결정에도 직접 참여하며 전적으로 자기 의견만을 강요하기도 한다.

어린 시절의 우리가 살아가던 마법의 세계는 어디로 갔을까? 어른의 세계로부터 분리되어 보호받던 아이들의 세계는 어떻게 되었나? 요즘 아이들은 산타 할아버지에게 편지를 쓰는 대신 부모가 자신의 크리스마스 선물을 신용카드로 결제하는 모습을 위엄 있게 지켜본다.

집안에서 아이들과 관련하여 생기는 문제의 대부분은 아이들의 세계와 어른들의 세계 사이에 존재하는 경계를 집안 식구 가운데 누군가가 지키지 않은 데에서 기인한다. 어른은 아이 같아지고 아이는 어른 같아지면서 세대와 상관없이 모든 연령으로 친구 관계가 확대되고 있다. 이러한 상황은 가족 관계의 불균형을 불러오며, 아이의 성장에 상당한 영향을 미칠 수 있다.

아이들은 아이로 대우 받을 권리가 있다. 걱정과 근심에서 해방될 권리가 있으며, 실수를 해도 되고 맘 편히 놀아도 된다. 굳이 빨리 성장하지 않아도 될 권리 또한 갖고 있다. 그러니 어른의 세계와 아이의 세계를 구분해 주는 이 자연스러운 경계를 지키도록 하라.

부모와 자녀 사이의 원활한 소통을 위해서는 아이를 아이로서 대해야 한다.

장애물을
극복하는 길

앞서 살펴본 바와 같이 부모의 죄의식과 완벽주의, 그리고 아이를 어른처럼 대하는 태도는 부모로서의 역할을 제대로 수행하지 못하도록 가로막는 주요 걸림돌이다.

이에 여기에서 벗어나 '완벽하지 않아도 될 권리'를 회복하기 위한 몇 가지 방안을 부모들에게 제시하고자 한다. 부모 스스로도 마음을 놓고 아이에게도 건설적인 방향을 모색해 보자.

목표는 부모로서의 의무감을 조금 더 내려놓는 것, 삶을 복잡하게 만들기보다 차츰 더 수월하게 만드는 것, 그리고 단순하고 명확하게 살아가는 법을 터득하고 상식을 회복하는 것이다.

이성을 추구하고
상식을 회복한다

스스로 문제를 제기해 보는 것이 유용할 때도 있다. 자신이 현재 어떻게 처신하고 있는가에 대해 의문을 제기하는 것은 개방적인 사람이라는 증거이기도 하고, 앞으로의 발전을 위해서도 중요하다. 하지만 지나치게 개방적인 사람이 되려고 하면 아무런 기준도 없이 모든 것을 다 통과시키는 존재가 되고 만다.

아이들에게는 무언가 확신이 필요한데, 부모인 내가 스스로 너무 많은 의문점을 제기하다 보면 아이들이 기댈 만한 기준이 없어지고 사고의 근간이 흔들린다. 그래서 때로는 스스로에게 던지는 질문도 멈춰야 할 필요가 있고, 가장 기초적인 상식으로 돌아가야 할 필요도 있다.

기초적인 상식에 따르면 아이는 골고루 잘 먹어야 하고, 스스로 이도 닦을 줄 알아야 하며, 숙제도 해야 하고, 자기 방 청소도 해야 한다. 부모님 말씀에 순순히 따라야 하며, 잠자리에도 일찍 들어야 한다.

아이가 특정한 음식을 먹지 않으려고 할 때, 이게 아이의 어떤 심리적 고충이 발현된 것인가 고민하면서 괜히 망설이고 긴 시간 씨름을 하기보다는 원칙과 기본으로 돌아가서 "조용히 하고 얼른 먹어!"라고 다그치라. 그러면 모든 심리적 고민이 그 순간 사라질 것이다.

완벽한 부모가 되겠다는 환상을 버린다

　더 이상 죄의식에 사로잡히지 않으려면 세상에 완벽한 부모, 완벽한 자식이 존재할 수 있다는 생각부터 버려야 한다. 완벽하게 아이를 교육시킬 수 있는 방법도 물론 없다.

　부모는 자신의 손에 쥐고 있는 것으로 자신이 할 수 있는 부분에 최선을 다할 수 있을 뿐이다. 언제나 완벽하게 난관을 극복할 수 있는 사람은 존재하지 않는다. 스스로가 완벽한 인간이라고 주장하는 사람이 있다면 분명 허풍쟁이거나 거짓말쟁이다. 아니면 자신에 대한 객관적인 눈이 전혀 없는 사람이다.

Hans Thoma, ⟨In the Hammock⟩, 1876, oil on canvas mounted on panel, 109×147.3cm, Städelsches Kunstinstitut und Städtische Galerie

언젠가 가족 캠프 행사에서 세 아이를 둔 어머니가 이런 일화를 들려준 적이 있었다. 캠프가 열리기 직전의 주말에 일어난 일이다. 그 가족 모두에게 하루의 시작이 무척 안 좋아서 서로에게 울고 소리 지르고 싸우고 툭툭거리느라 오전 시간이 다 갔다고 한다. 점심 식사를 할 때에도 분위기는 여전히 냉랭하고 무거웠다.

오후 3시경, 가족이 다 같이 외출하여 가족 캠프에 필요한 물건들을 사러 갔는데, 밖에 나가 기분이 좋아진 것도 있었고 크리스마스 장식을 구경하면서 기분 전환이 되기도 했었는지 이 약간의 쇼핑을 하는 동안 모두의 마음이 훈훈해졌다. 장을 다 본 뒤 계산대 앞에 섰을 때에는 가족 모두가 화기애애한 분위기 속에서 흐뭇한 기분을 만끽하는 상태였다. 그러자 한 계산원이 "정말 보기 좋은 가족이네요. 이렇게 화목한 분위기인 집은 처음 봐요. 보기만 해도 흐뭇해요."라고 말했다고 한다.

이 이야기를 들려준 어머니는 "우리 가족을 정말 완벽한 가정이라 생각하던 그 계산원이 그날 아침 우리 집 상황을 알았더라면 아마 이와는 정반대로 말했을 것"이라고 했다. 보라! 우리가 완벽한 가정이라 믿는 가족은 한낱 신기루에 불과할 수 있다.

마찬가지 맥락에서 다른 사람의 훈계를 지나치게 귀담아 들을 필요는 없다. 아이를 키우는 것에 대해 가장 말이 많은 사람들은 대개 자식이 없으며, 따라서 자신이 무슨 말을 하고 있는 것인지도 모른다. 혹은 비슷한 나이의 자녀를 키울 때 자신이 어떻게 했었는지 모두 잊어버린 나이 많은 사람들일 수도 있으나 그들의 말 역시 신경 쓰지 않아도 된다.

남의 일에 훈수를 두는 것은 누구나 다 할 수 있는 쉬운 일이다. 이해하고 포용하며 용인하고 공감하는 일은 그보다 훨씬 더 어렵다. 그러니 주위에서 지적을 해대는 사람들이 있다고 해도 신경 쓸 필요가 없다. 그런 완벽주의가 내 삶에 존재할 필요가 없음을 당신은 이미 깨달았을 것이다.

부모의 이기주의를 회복한다

아이 앞에서 언제나 밝게 웃는 부모의 모습을 보여주고, 곁에서 늘 아이의 응석을 받아주며, 무한한 인내심을 발휘하려면 일단 부모 자신이 건강해야 하고, 충분히 휴식을 취하여 피로하지 않은 상태여야 하며, 심적인 여유도 있어야 한다. 즉, 아이의 응석을 받아주려면 스스로의 응석도 받아주어야 한다. 자기 자신을 잘 보살피고 술도 한잔하며 풀어지는 시간을 가져라.

부모가 잘 먹고 잘 자야 아이도 잘 먹이고 잘 재울 수 있다. 부모에게도 스스로를 위한 외출 시간이 필요하고, 정말로 푹 늘어져 쉴 수 있는 자기만의 휴식 시간도 가져야 한다. 그리고 난 다음에야 아이의 응석도 잘 받아줄 수 있고, 효과적인 육아도 가능하다.

자신이 좋아하는 음악을 들으며 얼굴에 마스크팩을 붙이고 따뜻한 차 한 잔을 든 채 (욕실 문을 걸어 잠그고) 거품 목욕을 하면서 30분을 보낸 어머니와, 똑같은 30분 동안 설거지하고 다림질하면서 중간중간 말싸움까지 곁들인 어머니가 있다면, 나는 전자가 더 좋은 어머니가 될 가능성이 높다고 생각한다.

부모 중심의 이기적인 차원에서 봤을 때, 같은 값이면 아이에게 최신 게임기를 사주는 것보다 부모 자신을 위해 식기 세척기를 사는 편이 낫다. 애들 껌이나 아이스크림, 스티커를 사는 대신 한 푼 두 푼 모았다면 이미 식기 세척기 한 대 값은 족히 나오지 않았을까?

생각해 보면 특히 어머니들은 자신들의 생활을 편리하게 해줄 물건들에 대해 값이 비싸다며 꺼리지만, 아이들을 기쁘게 해줄 수 있는 것이라면 무엇이 됐든 돈을 아끼지 않는 성향이 있다. 조금 더 이기심을 발휘하는 차원에서 어머니들은 아버지 쪽을 보고 배울 필요가 있다. 대부분의 아버지들은 적당한 선에서 부모로서의 이기주의를 잘 활용하기 때문이다. 그에 반해 어머니들은 지나치게 자신을 희생하는 편이다. 타인을 위해 몸과 마음을 바칠 준비가 되어 있는 것이다.

그러니 이제 자기만의 휴식 시간을 확보하고, 이를 방해하는 사람들을 밖으로 산책을 내보내며, 때때로 손에서 행주를 내려놓을 줄 알아야 한다.

집안일에 대해서도 잠시 짚고 넘어가 보면, 스스로의 어머니를 모델로 보고 자란 오늘날의 어머니들은 '좋은' 어머니가 되려면 요리도 잘해야 하고 집안일도 잘해야 한다고 생각한다. 나아가 집에서 무소불위의 권력을 행사하는 꼬마 주인님을 위해 헌신하는 노예가 되어야 한다.

하지만 사랑과 모성을 혼동하지 말고, 모성과 가사를 혼동하지 마라. 모든 것을 혼자서 해내려 하지 말고 주위의 도움을 구할 줄 알아야 한다. "할 일이 너무 많아서 그러는데, 내가 ○○하는 동안 ○○ 좀 부탁하면 안 될까?"라고 말하기를 주저하지 마라.

요즘의 어머니들은 부탁하는 법을 배워야 한다. 각자가 자기 상황과 능력에 맞게 집안일을 해야 하며, 아이들도 자신이 무언가 쓸 만한 사람이 되었다고 생각할 때, 이를 무척 기뻐한다는 사실을 유념해야 한다. 단언컨대 집 안의 모든 천사들은 속에 마녀를 품고 있다. 이 마녀는 틈만 나면 밖으로 빠져나오려고 기회를 노리고 있기 때문에 이를 잘 다스리는 것이 중요하다.

주부로서의 삶을 좀 더 간소하게 만들기 위해 두 가지 질문을 던져보자. "이 일을 정말 꼭 해야 하는 걸까?" 만일 그렇다면 "내 대신 다른 누가 이를 대신해 줄 수는 없을까?" 하고 재차 질문해 보자.

조금만 더 양심을 저버릴 수 있다면, 그리고 복잡하게 사는 대신 더 쉽게 살아가는 법에 대해 고민해 본다면, 완벽하지 않은 부모가 되더라도 괜찮다는 사실을 인지할 수 있다면, 우리는 아이에게 편하고 쉽게, 그러면서도 건설적으로 살아가는 어른의 한 전형이 될 수 있다.

쓸데없는 죄의식에서 벗어나면 아이와의 소통을 훨씬 더 진전시킬 수 있다. 이 과정을 겪으며 진실하고 따뜻하며 일관된 소통, 상식에 벗어나지 않는 올바른 소통을 해나갈 수 있으리라 확신한다.

2장

내 아이를
지켜주는 화법

부모의 가장 중요한 역할 가운데 하나는 아이들에게 삶의 전반에 대해 안내하는 것이다. 부모는 안내자의 역할을 하면서 동시에 아이가 주변 환경에 대한 믿음의 기반을 다질 수 있도록 충분히 보호해 주어야 한다. 일차적으로 생리적 욕구를 포함한 필수적 요구 사항을 충족시킨 경우, 아이는 이 믿음의 기반을 다질 수 있다.

아이들이 부모에게서 바라는 메시지는 "나는 네 부모고, 물리적으로나 정신적으로나 강한 사람이므로 너를 훌륭히 지켜줄 수 있어."이다. 아이들에게 삶의 등불을 밝혀주는 안내자로서 정신적으로나 육체적으로 강인한 존재여야 하는 부모는 삶의 지혜와 경험을 보여주어야 한다.

안내자이자
지지자로서의 부모

　상당히 긴 코스의 등산을 하려고 마음을 먹었다. 워낙 신중한 성격이다 보니 자격증을 갖춘 산악 전문 가이드를 대동하기로 결심한다. 이 산악 가이드는 내가 사고를 당하지 않도록 내 곁을 지켜줄 것이고, 이 사람이 그동안 쌓아온 다년간의 경험은 내게 귀중한 가르침을 줄 것이다. 이 사람의 도움을 바탕으로 나는 최적의 환경 속에서 안전하고 무사하게 목적지에 다다를 수 있을 것이다.

　우리가 이 산악 가이드로부터 기대하는 것은 내가 가지고 있는 장비를 점검해 주고 배낭 안 준비물을 점검해 주며, 출발하기 전 옷가지와 식량을 제대로 챙겼는지 확인해 주는 것이다. 신발은 어떤 게 낫다거나 스웨터를 하나 더 챙기라는 등의 조언을 아낌없이 해주어도 좋겠다.

이 산악 가이드는 등정 행로에 대한 포괄적인 그림을 가지고 있어야 하며, 산행에 어느 정도의 시간이 소요될지, 야영 장소는 어디이며, 산행 기간의 기상 상태는 어떨지 대략 알고 있어야 한다. 만일 그가 이런 부분을 충족시켜 주지 못한다면, 과연 이 가이드를 전문가로 믿고 따르며 산에 오를 수 있을까?

또 다음 날 정오 무렵 정상에 도달하기 위해 새벽 4시쯤 베이스캠프를 출발해야 하는 상황을 알고 있다면 산악 가이드가 저녁 8시에 잠자리에 들라고 단호히 말하더라도 이상하게 들리지 않을 것이다. 반대로 다음 날 일정을 전혀 이야기해주지 않은 채 내가 밤에 잠을 자든 말든 신경 쓰지 않고 내버려둔다면 가이드에 대한 불만이나 불신이 점점 커질 것이다.

그런데 이 산악 가이드가 출발 직후부터 끊임없이 무언가를 물어온다. 다음번 휴식은 언제 어디에서 취할 것이냐, 어느 쪽 길로 갈 것이냐, 등정 코스에 대해 어떻게 생각하느냐, 날씨는 어떨 것 같으냐 등등 이것저것 시시콜콜 묻는다. 혼자서는 그 어떤 결정도 내리지 않은 채 "당신이 내 고객이니 모든 결정권이 당신에게 있다."며 무조건 내 의견만 구한다.

여전히 함께 산을 오르고 있는데, 그가 산에 대해 나보다 더 아는 게 없다는 사실을 불현듯 깨우쳤다면, 그리고 이 사람도 나와 마찬가지로 겁을 먹고 있으며 길을 잃고 헤매는 중이라는 점을 알았다면, 그때 내 기분은 어떨까? 상당히 당혹스럽지 않을까?

반대로 산에 대해 정통한 전문가에게 모든 것을 내맡기고 그의 안내에 따라 산에 오를 수 있다면 보호받고 있다는 안정감을 느끼며 마음 편히 산행을 할 수 있을 것이다.

우리의 아이들이 필요로 하는 바도 정확히 이와 같다. 자신의 부모가 자기보다 더 강하고 능력 있는 존재라 느끼면서 자신의 성장 과정에서 동반자가 되어주길 바라는 것이다. 부모로서 우리는 자녀의 성장에 있어서 안내자 같은 존재다. 만일 아이를 나와 동등한 위치에서 대하거나 아이에게 무한 봉사하는 역할만 계속한다면, 삶의 안내자로서 부모의 위치는 무너진다. 하지만 우리의 아이들에게는 안내자가 필요하고, 또 아이들은 응당 그런 안내자를 가질 권리가 있다.

또 다른 예를 하나 더 들어보도록 하자. 어느 날 갑자기 내가 아무런 자질도 능력도 없는 상태로 우연히 대기업 CEO로 부임했다. 그런데 주위에는 온통 아부를 떠는 사람들뿐이다. 이런저런 사안에 대해 어떤 결정을 내릴 것인지 내 의견을 구하는데, 이런 결정을 내리는 것은 내 능력을 완전히 벗어난다. 이에 대해 스스로 아는 바가 전무하다는 사실은 나 자신이 익히 알고 있으며, 내 결정으로 굉장한 파장이 있으리라는 사실도, 어쩌면 나의 결정 때문에 회사가 파산에 이를 수 있다는 사실도 충분히 인지하고 있다. 그러나 내 주위의 이 아첨꾼들은 나의 그 같은 무능력을 도외시한 채, 천재적인 운영 능력을 갖춘 사람으로 나를 대한다. 속으로는 이 사실을 알려야겠다고 생각하는 한편, 불안감과 고독감이 커져간다.

우리가 모든 것에 대해 시시콜콜 아이의 의견을 물을 때, 아이의 심정이 딱 이와 같다. 부모들은 그렇게 하는 것이 아이의 말을 잘 들어주는 것이라고 생각한다. 이를 통해 아이가 원하는 것을 알고, 아이의 생각을 모두 고려해 주어야 한다고 생각하지만, 그 결과 아이들은 자신의 한계를 넘어서는 수많은 선택의 기로에서 겁을 먹고 당황한다.

늘 CEO 같은 대접을 받아온 아이에게 "울 강아지, 뭐 먹고 싶어?"라고 물어보면 건강을 생각하는 영양사가 아닌 이상 아이는 당연히 "감자튀김이랑 초콜릿 먹고 싶어요."
라고 이야기한다. 아이가 잘 생각해 보지도 않고 대충 그렇
게 대답해 버린 것에 심기가 불편해진 부모는 다른 접근법
을 시도한다. "토마토 같은 채소도 좀 먹어야 하지 않겠니?"
그러면 아이는 이해할 수가 없다. '나는 이 집안의 최고경
영자인데, 왜 먹고 싶은 음식을 못 먹지?' 이에 아이는 두 눈
을 부릅뜨고 단호하게 반박한다. "싫어! 감자튀김 먹고 싶
다고!" 그러면 이제 상황이 복잡하게 꼬여간다. 어떻게든
아이의 식단에 토마토를 집어넣기 위해서는 아이가 거부감
없이 이를 먹을 수 있도록 묘수를 짜내야 되기 때문이다.

옷에 있어서도 마찬가지다. 아이들은 바깥 날씨가 어떤
지도 모르고, 기상 캐스터도 아니다. 따라서 부모가 무슨
옷을 입고 싶은지 어떤 신발을 신고 싶은지 물으면 단순하
게 자신이 원하는 것을 대답할 뿐이다. "울 애기, 오늘은 뭐
신을 거야?" 하고 물은 다음 "뭐? 이 겨울에 빨간 샌들을 신
고 싶다고? 지금 밖에는 눈이 오고 있어. 샌들이 말이 돼?"
하고 소리치며 신지 못하게 막는다.

어쩌면 우리가 아이들에게 너무 많은 선택을 강요하는
것은 아닐까? 아이들의 키를 훌쩍 넘기는 힘든 결정을 강요
하면 그 앞에서 아이들은 굉장히 불안해한다.

부모는 아이들에게 있어 삶의 안내자 같은 존재다. 안내자로서 부모는 아이들이 자기 주변 환경에 대한 믿음의 기반을 다질 수 있도록 충분히 보호해 주어야 한다. 유아기에서 아동기로 넘어가면서 아이는 수차례 부딪히고 긁히고 넘어지면서 상처를 입고, 뜨거운 걸 마시다가 입천장이 데기도 한다. 이 때문에 심각한 상처가 생기지는 않더라도 아이의 잠재의식 속에서는 조금씩 불안감이 자리 잡기 시작한다. 아이에게 두려움을 전가하는 것과 아이를 보호해 주는 것의 구분이 매우 중요한 이유도 바로 여기에 있다.

"물가에서 놀아. 물속으로 너무 깊이 들어가면 큰일 나!"라고 이야기하는 것은 아이에게 자신의 두려움을 전가하는 화법이다. "물에 들어갈 때는 팔에 튜브를 끼면 돼. 엄마가 옆에서 지켜봐줄게." 이는 보호 차원의 화법이다.

아이에게 위험에 대한 주의를 주면서 조기에 기본적인 안전 수칙을 설명해 줄 수도 있다. 위험한 물건을 만지지 않도록 하거나 전기의 위험에 대해 주의를 주고, 칼이나 가위 등 날카로운 물건을 손대지 않게 하며, 화상을 입을 수도 있는 오븐이나 가스레인지에 대해 주의를 주는 것이다.

이때 '보호' 쪽에 중심을 두어야 한다. '안전 수칙'을 강조함으로써 이것만 잘 지키면 별일 없을 것이라고 인지시켜

주는 게 중요하지, 잠재적 위험을 극대화시켜 표현함으로써 아이에게 겁을 주어서는 안 된다. 따라서 "만지지 마! 그거 만지면 큰일 나! 그러다 다치면 병원 갈 거라고!"라고 말하기보다는 "그걸 안전하게 만지려면 지켜야 할 규칙이 있어. 이리 와서 엄마가 하는 것을 잘 보렴."이라고 말하는 편이 더 낫다.

아이에게 부모의 걱정을 전가하면 이 걱정은 곧 예언으로 발전한다. "뛰지 마! 넘어져!"라고 말했는데 아이가 넘어지면 그 뒤에 곧 "그것 봐라. 내가 뭐랬어? 내 말 듣지 않더니 그렇게 됐잖아." 하는 식의 화법이 이어지는 것이다.

아이가 필요로 하는 것을 제공해 주는 부모

　　자신의 모든 생리적 욕구와 필수적 요구 사항을 충족시켰을 때 아이는 삶에 대해 전반적으로 믿음의 기반을 가질 수 있다. 즉, 덥지 않게 해주되 지나친 냉방에 주의하며, 잘 먹고 잘 마시고 잘 자며 잘 놀도록 해주고, 충분히 안아주기만 하더라도 아이는 안심하고 살아갈 수 있는 것이다. 잘 놀 수 있는 환경을 조성하고 충분히 안아주는 것도 아이들에게 있어서는 생리적 욕구에 해당한다. (이는 어른도 마찬가지다.) 하지만 아이들의 '생리적 욕구 및 필수적 요구'와 '그 외의 요구'를 잘 구분해야 한다. 부모가 아이들의 생리적 욕구 및 필수적 요구에 대해 이를 충족시켜 주어야 할 책임은 있지만, 그렇다고 아이들이 원하는 모든 것을 다 해줄 필요는 없기 때문이다. 가령 튼튼하고 편하며 아이의 발에 잘 맞는 농구화는 아이에게 '필요'한 물건이다. 하지만 고급 브랜드의 굉장히 비싼 농구화는 '물질적 욕구'에 해당한다. 일단 이 두 가지 분명한 차이에 대해 유념하면서 아이들의 기본적인 생리적 욕구에 대해 짚어보자.

먹기

선진국의 경우, 음식이 부족해서 정신적 외상이 생길 만큼 배를 곯는 아이들은 별로 없다. 서구권 아이들은 종종 너무 많이 먹어서 탈이 나며, 특히 잘못된 식습관 때문에 건강에 문제가 생기기도 한다. 예를 들어 아침부터 단 음식을 너무 많이 먹으면 아이들은 오전 내내 피로에 시달린다. 결국에는 11시경 가벼운 식사로 피로를 잠재우는데, 식욕이 떨어진 아이들은 점심을 먹지 않겠다고 또 한 번 떼를 쓴다. 점심 식사를 제대로 하지 않은 아이들은 또다시 피로감에 시달린다.

이렇듯 저혈당으로 갑자기 피로를 느끼는 현상은 아이들의 편안한 일상을 망치는 요인이며 동시에 아이들의 상태를 불안정하게 만드는 잠재적 원인이 된다. 아이들을 잘 먹이기 위해서는 하루에도 수십 번씩 아이들을 유혹하는 광고의 영향으로부터 벗어나야 하는데, 사실 이게 그리 쉬운 일은 아니다. 과거 미주 지역에만 한정되었던 소아 비만도 이제는 유럽을 비롯한 다른 나라로까지 확대되는 상황이다. 좋은 산악 가이드가 산행 도중 지치거나 정신이 흐트러지지 않는 적합한 음식을 조언해 주듯이 우리도 아이들에게 장·단기적으로 건강과 체력을 유지하는 데에 필요한 균형 잡힌 식단을 제공해 주어야 한다.

마시기

아기들이 탈수 현상에 무척 민감하다는 사실은 우리 모두가 알고 있다. 하지만 그보다 조금 더 큰 아이들도 갈증에 매우 민감하게 반응하면서도 스스로의 수분 부족 현상에 대해 명확히 인지하지 못한다. 특히 아이들이 탄산음료나 과일 주스를 마실 때는 갈증 때문이 아니라 단순히 맛이 좋아서 마시는 경우가 많다. 이런저런 활동들을 하느라 정신이 팔려 몸이 보내오는 신호를 듣지 못할 때도 많다. 아이들은 활동량이 많아 땀도 많이 흘리고 열도 많기 때문에 금세 수분이 부족해진다. (추위를 많이 타는 어머니들은 이를 무시하고 아이들에게 옷을 너무 두껍게 입히는 경향이 있다.)

탈수가 오면 아이들은 쉽게 신경질을 부리고 공격적이
되며 정서적으로도 불안정해진다.

내가 갈등 조절과 관련 있는 캠프를 진행할 때, 공격적인
성향의 성인에게 술이 아닌 무언가를 한잔 마시면서 문제
를 논의해 보는 게 어떻겠느냐고 제안한 적이 있었다. 커피
나 물을 한잔 마시는 것은 괜찮지만 술은 피해야 했다. 술
을 마실 경우 상황이 더 악화될 수 있기 때문이다. 그 캠프
를 진행하는 동안 나는 시원한 물 한잔이 이뤄내는 기적을
종종 목격했다.

아이들이 충분히 수분을 섭취하는지 수시로 확인해야 한
다. 특히 아이들이 신경질적이거나 공격적 성향을 보일 때,
초조하고 불안해할 때에는 충분한 수분 섭취가 이뤄졌는지
부터 확인하라.

잠자기

수면욕이 제대로 충족되지 않을 경우, 상황은 악화일로
로 치닫게 된다. 소아과 전문의나 보육 교사, 학교 선생님
들은 끊임없이 아이들을 일찍 재워야 한다고 말한다. 어린
아이들이 눈 밑에 다크서클이 짙게 깔린 채로 수업 시간에

졸고 있는 모습을 보면 불쌍하기 짝이 없다.

더 어린 아기들이라고 충분한 수면 시간이 지켜지는 것은 아니다. 부모가 출근하기 전에 아침 일찍 서둘러 아기를 어린이집에 맡겨야 하고, 또 오후에는 큰애를 피아노 학원에 데려다줘야 하므로 아기가 낮잠 자는 시간이 제대로 확보되지 않을 가능성이 크다.

아이들이 정서적으로 안정된 상태로 신뢰감의 기반을 닦으려면 휴식이 절대적으로 필요하다. 탈수 현상을 겪을 때의 증상과 마찬가지로 잠이 부족하면 심신이 불편하고 불안정한 상태가 되는데, 이는 아이나 어른이나 마찬가지다. 어른인 우리도 잠을 제대로 자지 못했을 때 컨디션이 나쁘지 않던가. 이는 보육 교사들이 현장에서 매일 확인하는 부분이다. 피로하고 지친 아이들은 신경에 의지해서 버틸 수밖에 없다. 낮잠 자는 시간에 제일 먼저 쓰러지는 아이들은 제일 부산스럽게 돌아다닌 아이들이다.

이를 해결하는 방법은 간단하다. 아이들을 보다 일찍 재우는 것이다. 그것도 매우 일찍 재워야 한다. 나이가 어리거나 잠이 많은 아이라면 저녁 7시 30분이나 8시쯤에는 재워야 한다. 하지만 일하는 어머니의 경우, 직장에서 일이 늦게 끝난다면 이 시간에 아이를 재울 수가 없다. 식사 준

비도 해야 하고, 애들도 씻겨야 하며, 자기 전에 이런저런 동화책도 읽어줘야 되기 때문이다.

이 대목에서 특히 일하는 어머니는 절대적으로 아버지의 도움을 필요로 한다. 그런데 아버지들은 저녁 6시에서 8시까지, 집안일이 몰리는 이 시간대를 굉장히 싫어하며, 아이가 어릴수록 그러한 경향은 더욱 두드러진다. 그러므로 이 고난의 시간을 피하면서도 스스로의 양심에 찔리지 않기 위해 아버지들은 늦게까지 회사에서 일을 하거나 사무실에서 뭉그적거리곤 한다. 내게 이 같은 이야기를 털어놓은 아버지들이 한두 명이 아니었으니 아버지들 입장에서도 무턱대고 이를 부정할 수는 없을 것이다. 양심 있는 아버지들은 그나마 8시 30분쯤에 들어오고, 심한 경우 9시를 넘겨서 퇴근하여 그 모든 번잡스런 집안일을 피한 뒤, 가족을 위해 일하느라 기력이 다한 불쌍한 영웅의 모습으로 집에 들어온다.

문제는 아이들이 아버지의 잘 자라는 인사를 받기 위해 아버지가 올 때까지 잠자리에 들지 못한다는 것이다. 혼자서 정신없이 집안일을 해대느라 진이 다 빠진 어머니는 거의 폭발하기 직전이다.

그러니 남자들이여, 아내와 아이들에 대한 사랑의 마음

Albert Edelfelt, 〈Queen Bianca〉, 1877, oil on canvas, 96.5×75.5cm, Ateneumin Taidemuseo

을 한 번 더 상기시켜 보라. 아버지들이 "나도 일하느라 죽겠어!"라는 대사를 읊는 연기자가 되지는 않길 바란다.

만일 아버지가 저녁 6시에서 8시 사이의 전쟁을 피하려고 늘 집에 늦게 들어간다면, 이는 아이들과의 더없이 소중한 한때를 놓치는 격이 된다. 아이들에게는 아버지라는 존재가 무척 필요하기 때문이다. 또 계속해서 이 시간을 피하다 보면 집에서 혼자 아이들 뒤치다꺼리를 하는 아내의 신경은 날카로워질 수밖에 없다. 동시에 아내의 마음에서 남편의 자리는 점점 사라진다. 이런 남편은 결국 본인 스스로 직접 아내를 신경질적이고 자신의 말도 잘 안 들어주는 고약한 여자로 만들어버리는 셈이다.

반면 조금 더 일찍 집에 들어간다면 둘이서 함께 분담하는 저녁 시간이 그렇게 끔찍하지는 않다는 사실을 깨달을 수 있다. 뿐만 아니라 아이들과 함께 목욕하는 시간, 저녁 때 가족끼리 함께 이야기 나누는 시간이 얼마나 즐거운지도 알게 될 것이다. 그렇게 아내를 도와 아이들을 함께 돌보고 일찍 재울 경우, 저녁 7시 30분부터, 혹은 늦어도 8시부터는 한결 누그러진 모습의 아내가 함께 아이들을 돌보며 하루 일과를 마무리한 것에 기뻐하며 사랑스러운 모습으로 남편을 대할 것이다. 아이들이 일찍 자면 부모의 저녁 시간도 길어진다.

안아주기와 놀이

할머니들이 하시던 말씀과 달리, 아기였을 때 원하는 만큼 실컷 부모 품에 안겨 있던 아이가 꼭 제멋대로인 변덕쟁이가 되는 것은 아니다. 사실은 그 반대다. 아이를 안아주는 행동은 전체적인 아이의 삶에 있어 정서적 안정을 얻는 데 도움을 주는 행동이다.

아이의 정서적 안정을 위해서는 놀이도 중요하다. 어른들에게 휴식과 이완의 시간이 필요한 것처럼 아이들에게도 정신을 이완시킬 수 있는 놀이의 시간이 반드시 필요하다.

아이가 충분한 수분 섭취를 하면서 잘 먹고 잘 쉬고 사람들의 품에도 많이 안겨봤다면, 해야 할 일도 그리 많지 않았고 상처를 입은 일도 별로 없다면, 아이는 자연스럽게 마음의 평온을 유지하며 정서적으로 안정된 사람으로 자란다.

이러한 안정감을 더욱 보강하기 위해서는 아이의 머리 위로 튼튼하고 안정적인 지붕이 필요하다. 부모가 정신적, 신체적, 재정적인 모든 면에서 자신을 보호해 주고 있다는 것을 느끼게 해주어야 하는 것이다.

"엄마 이제 돈 없어!"라는 말은 "지금 당장 안 오면 너 버리고 가버린다!"거나 "세상에, 너는 네 엄마보다 힘이 더 세구나!"라는 식의 말과 마찬가지로 아이를 공포에 사로잡히게 만든다.

만일 아이가 스스로에 대해 어른인 자기 어머니보다 자신의 힘이 더 세다고 생각한다면, 이 아이는 어머니에게 자신이 보호받고 있다는 느낌을 전혀 받지 못한다.

아이에게 힘을
보여주는 부모

부모인 우리에게 아이들이 바라는 또 하나의 메시지는 "나는 네 부모고, 너보다 물리적으로나 정신적으로나 더 강한 사람이므로 너를 훌륭히 지켜줄 수 있어."라는 것이다.

아버지들이 어머니들보다 더 쉽게 아이들을 복종시킬 수 있는 이유는 간단하다. 아이들이 잠자리에 들 때, 아버지들이 깃털처럼 가볍게 아이를 들어 올려 침대에 데려다주기 때문이다. 이는 아이들에게 아버지라는 존재는 마음을 놓을 수 있을 만큼 물리적으로 힘이 세다는 것을 보여주는 행위다.

또한 아버지들은 힘으로 아이들을 제압할 수도 있다. 예를 들어 아이들이 시끄럽게 울어대면 아이들 입에서 "아빠, 그만해요. 아프단 말이에요!" 소리가 나올 때까지 팔 힘으로 아이를 꼼짝 못하게 붙잡을 수 있다. 물론 아버지들이 애들 앞에서 힘 조절도 못할 만큼 바보는 아니다.

이런 상황에서 아이들은 아버지의 정신력이 물리적 힘과 조화를 이루는지 시험해 보게 되는데, 아버지들은 본능적으로 이를 느끼고 아이들 스스로 아버지보다 한 수 아래라는 것을 암묵적으로 인정할 때까지 아이를 꼼짝 못하게 붙잡아둔다. 아버지한테 꼼짝 못하게 잡혀 뾰루퉁한 모습을 보이면서도 고분고분해진 아이는 아버지가 세상에서 가장 힘센 사람임을 깨닫고, 그런 아버지가 자신을 완벽하게 지켜줄 것이라 생각한다.

그런데 안타깝게도 아이의 안정감이 형성되는 이 같은 의식을 어머니들이 망쳐놓는 경우가 많다. 아이와 남편이 이렇게 소란을 피우고 있으면 남편에게 화를 내며 "시끄럽게 하지 말고 애 좀 그만 풀어줘. 애가 아프다잖아!"라고 소리를 치기 때문이다. 그러면 당황한 아버지는 즉시 팔의 힘을 푼다. 이때 어머니도 아버지도 알지 못하는 사이 아이에게는 "너희 아빠가 세상에서 제일 힘이 센 사람일지는 몰라도 결국에는 엄마의 말 한마디로 조종되는 꼭두각시에 불과해."라는 메시지가 전달된다. 아이들의 시각에서 어머니들은 분명 '무력한' 존재다. 자신들의 교활한 투정에 쉽게 속아 넘어가기 때문이다. 아이들은 어머니의 말 한마디에 힘이 약해지는 아버지를 보며 안정감을 느끼는 대신, 정신력이 없는 한 물리적 힘은 별 쓸모가 없다는 사실을 깨우친다.

최근 들어 이혼이 늘어나고 어머니 혼자 아이를 키우는 가정이 점점 더 많아지는 상황인데, 아이에게 매번 져주며 다정하게만 대하는 어머니가 아버지 없이 혼자서 아이를 키운다면 든든히 아이를 지켜주는 보호자의 역할은 누가 맡을 것인가?

아이의 환심을 사기 위해 아이의 남자다움을 부추기는 어머니들은 "이 녀석 봐라, 정말 힘이 센데? 네가 엄마보다 힘이 더 세잖아!"라거나 "이제 네가 너무 커서 엄마는 더 이상 널 들어 올릴 수 없겠는걸?"이라는 식의 말을 자주 한다. 그렇게 하면 자라나는 꼬마 신사의 기를 북돋워줄 수 있으리라 생각하지만, 이런 이야기를 들은 아이는 당혹감을 느끼게 된다. 애들도 바보는 아니기 때문이다. 물론 어머니의 사탕발림 같은 이야기에 기분이 좋을 수는 있겠지만, 아이 또한 자신이 아직 쥐방울만 하다는 사실은 물론 자기가 이 연약한 어머니를 지키기는커녕 그 자신도 지켜낼 수 없음을 잘 알고 있다.

강연회에서 나는 어머니들에게 아이들 앞에서 좀 더 '힘이 센' 어머니의 모습을 보여주라고 권유한다. 허리 디스크가 있는 사람이 아니라면 성인 여자 누구나 약간의 노력으로 가뿐히 아이를 들어 올릴 수 있다.

아이들이 슬슬 말을 듣지 않기 시작하면(대략 네다섯 살 무렵) 아버지 대신 거칠게 아이들을 제압하는 방식도 생각해보라고 이야기한다. 가장 쉬운 방법은 아이의 두 손을 가슴 앞에서 엇갈리게 잡은 뒤, 양손으로 이를 꼭 붙들어놓는 것이다. 그리고는 웃음을 지으면서 아이에게 입을 맞춘 뒤 이렇게 얘기한다. "엄마가 널 꼼짝 못하게 한 것 봤지? 너는 내 손 안에 있다고." 그리고 아이가 백기를 들며 "제발 풀어주세요, 엄마."라고 말해야만 손을 풀어줄 것이라고 이야기한다.

아이들은 아버지에게 했던 것과 마찬가지로 뾰루퉁한 표정을 지은 채 어머니에게 소리 지를 것이다. "아얏, 그만해요! 나 좀 풀어줘요. 아프다니까!" 아이는 아마 눈물을 흘리며 몸부림을 칠 텐데, 이때 심리적으로 흔들리지 않는 것이 중요하다. 이 상황에서 어머니가 마음 약해지는 것을 견뎌내지 못한다면, 지금까지의 노력이 다 수포로 돌아갈 수 있기 때문이다. 어머니가 흔들리는 모습을 보이면 아이들은 다시금 자신의 정신적 우위를 확인한다.

따라서 아이가 애원할 때, 어머니는 농담을 건네듯이 "아냐, 넌 엄마 때문에 아픈 게 아니고 자꾸 네가 손을 빼려고 하니까 아픈 거야. 엄마가 널 아프게 하고 있는 게 아니라고. '제발 풀어주세요.'라는 부탁 한마디만 하면 넌 곧 풀려날 거야."라고 반복해서 말한다. 아이는 아마 계속 몸부림을 칠 테지만, 이 단계에서 "제발 풀어주세요, 엄마."라고 말하는 것은 곧 권력의 문제와 직결된다. 따라서 이전에 아이에게 더 많은 권력을 부여했다면 아이의 저항은 더 거세진다.

미국의 심리치료사인 밀턴 에릭슨Milton Erickson은 그 누구도 말리지 못하는 여덟 살짜리 꼬마 괴물을 둔 어머니에게 비슷한 치료 요법을 제안했었다. 그는 이 어머니에게 잡지와 샌드위치를 넉넉히 챙기고 보온 텀블러에 커피를 담아 가능한 한 오래 버틸 수 있는 상황을 마련한 뒤, 아이를 끽소리 못 하게 붙잡아두고 스스로 잘못했다는 말을 할 때까지, 그리고 앞으로는 바르게 행동하겠다고 약속할 때까지 아이를 풀어주지 말라고 권고했다. 한바탕 난동을 벌이며 한나절을 보낸 뒤, 그 아이는 180도 달라져서 다시 착하고 순한 아이가 되었다고 한다. 그 아이가 어른들을 찾을 때에는 어른들이 눈에 띄지 않을 때뿐이고, 예전처럼 쓸데없이 어른들을 오라 가라 하며 부리는 일도 없어졌다고 한다.

두 손으로 꼼짝 못하게 붙들어놓은 우리 아이들의 이야기로 다시 돌아가 보자. 아이는 소리 지르고 몸부림을 치며 길길이 날뛸 텐데, 어머니는 이 상황을 버텨내야 한다. 아이가 결국 무릎을 꿇고 억울하다는 듯 꺽꺽대며 울면서 수그러진 말투로 "제발 풀어주세요, 엄마."라는 마법의 주문을 외우면 어머니는 그제야 아이를 손에서 풀어준다.

풀려난 아이가 스스로 한 말을 부인한 채 다시금 돌변하면 2차전에 들어가야 한다. 짐짓 화난 표정을 짓고 표면적으로는 거칠게 소란을 피우며 같은 방법으로 아이를 다시 꼼짝 못하게 붙들어놓는 것이다. 곁에 아버지가 있을 경우, 훈육이 다 끝나기 전까지는 끼어들지 못하게끔 미리 주의를 주어야 한다. 훈육이 끝나면 집 안에는 한바탕 난리의 흔적이 남겠지만, 아이에게는 '엄마는 힘도 세고 정신적으로도 강하므로 나를 지켜줄 수 있다.'는 한 가지 메시지가 새겨진다.

내가 권유한 이 방식을 직접 써본 어머니들은 상당히 긍정적인 피드백을 보내왔다. 아이들이 금세 진정됐으며, 이후의 생활도 한결 수월해졌고, 아이들도 평온한 정서 상태로 일상생활을 한다는 것이다. 한 어머니는 고집불통 악마

같았던 아이가 천사같이 돌변했으며, 자신의 품속으로 들어와 안길 때가 많아졌다고 이야기했다. 그리고는 스스로 두 팔을 교차시켜 X자로 만든 뒤 어머니 앞에 손을 내밀면서 어머니가 자신을 꼼짝 못하게 했을 때처럼 어머니의 힘을 보여달라고 한단다.

아이들에게 삶의 등불을 밝혀주는 안내자로서 정신적으로나 육체적으로 강인한 존재여야 하는 부모는 삶의 지혜와 경험도 보여줄 수 있어야 한다. 그리고 이 단계까지 왔다면 이제 다음 목표인 '단호하게 말하기'에 도전해야 한다.

3장

내 아이를 위한
훈육법

요즘 부모들은 아이들의 행동을 어디까지 허용하고 어디부터 저지해야 하는 것인지 그 한계도 잘 모를뿐더러, 어떻게 해야 그 선을 그어줄 수 있는지도 잘 모른다. 때로는 좀 더 단호하게 아이를 대해야 한다는 사실을 본능적으로 알고 있지만, 아이에게 단호하게 대한 다음 스스로 괜한 죄의식을 느끼기 일쑤이며, 목소리 톤이 높아지는 순간부터 자신이 잘못했다는 느낌을 받는다.

　완벽한 부모와 언제나 조화로운 가정이라는 환상에 사로잡힌 이 부모들은 아이들도 행동의 한계선을 알아야 한다는 사실을 미처 깨닫지 못한다.

한계선의
필요성

왜 아이는 한계선을
찾으려고 하는가

아이들이 행동의 한계선을 찾으려는 이유는 그 선이 그어져 있어야 그 안에서 안심하며 살아갈 수 있기 때문이다. 이렇게 정해진 한계선은 아이의 정체성 구축에도 도움이 된다. 한계선은 심리적 울타리처럼 아이들을 둘러싸주며, 지표가 되어 아이들의 영역을 설정해 준다.

불안감과 두려움은 대개 그 자신의 한계를 인지하지 못했을 때 생겨나는데, 아이의 정체성이 제대로 확립되지 못했을 경우도 마찬가지다. 이는 우리가 야자수나 오아시스

하나 없이 온통 모래 언덕으로만 둘러싸인 사막 한가운데에서 어디로 가야 할지 방향을 찾지 못했을 때의 느낌과도 비슷하다.

또한 강도 높은 규율 훈련이 있어야만 우리는 스스로 자가 규율 체계를 수립할 수 있다. 식사 후 식탁 위를 닦거나 이를 닦는 등의 생활 습관은 부모가 일일이 태도를 잡아주면서 몇 년간의 반복 학습을 시키지 않으면 스스로 해내기가 힘들다.

끝으로 한계에 부딪혔을 때의 좌절감을 잘 극복해 낼 수 있으면 폭력으로 발전하는 감정을 조절할 수 있다. 폭력은 (분노와는 조금 다른) 격분의 감정이 폭발하며 나타나는 것으로, 이는 스스로 받아들이지 못하는 상황에 대한 좌절감의 표현 가운데 한 양상이다.

폭력적인 사람은 외부에서 일어나는 모든 일들을 자기 힘으로 완전히 제어할 수는 없다는 사실을 수용하지 못하는 사람이며, 모든 게 자기 뜻대로 되지는 않는다는 점 또한 받아들이지 못하는 사람이다.

절대 권력에 대한
아이의 환상

세상에 태어난 아이는 자신이 전지전능한 존재라는 환상을 갖는다. 우주가 자신의 배꼽을 중심으로 돌아간다고 생각하는 것이다. 어딘가 불편하다거나 무언가 만족스럽지 못할 때, 이를 겉으로 표현하면 곧 기저귀가 바뀌고 젖병이 물려지며 누군가 자기를 안아서 살살 흔들어준다. 따라서 아기들은 자신이 이 세상을 통제하는 신이라고 생각한다.

시기나 정도의 차이는 있지만 아이들은 언젠가 현실의 벽에 부딪히고, 스스로가 전지전능한 존재라는 환상은 산산조각이 나버린다. 하지만 언젠가 깨질 환상이라면 뒤늦게 갑작스레 깨지는 것보다 처음부터 서서히 깨지는 편이 훨씬 낫다.

환상이 깨지는 것은 누구에게나 고통스러운 일이다. 살아가면서 우리는 모두 전지전능했던 어린 시절에 대한 환상을 자기 안에 간직하고 있으며, 다들 이 전지전능했던 시절의 느낌을 되찾고자 한다. 삶이 우리에게 스스로의 한계를 일러줄 때마다 우리는 스스로가 신이 아니라는 사실을 새로이 체감하며 그에 따른 고통을 맛본다. 이 끔찍한 고통의 이름이 바로 '좌절'이다.

좋은 부모가 되려는 사람, 아이를 한없이 사랑하며 아이 곁에서 늘 대기 상태로 있는 부모일수록 아이를 테두리 안에 가두지 않으려 한다. 하지만 그렇게 아이가 좌절감을 느끼지 않게끔 애를 쓰면 쓸수록 아이는 더더욱 환상 속에 빠져든다. 스스로가 전지전능한 존재라고 믿는 것은 그저 환상에 불과하다. 이로 인해 모두의 삶이 더 힘들어진다. 세상 누구보다 더 따뜻하게 아이를 대해주지 못하고, 누구보다 강한 인내력과 평정심을 유지하지 못했다는 생각에 부모가 죄책감에 빠져들면, 아이는 모든 걸 자기 맘대로 주무르려 하며 거리낌 없이 변덕을 부리고 고집을 피운다.

이 아동기 때 우리는 좌절감을 다스리는 법을 익힌다. 이 시기에 좌절감을 잘 다스릴 줄 알게 되면 인격적으로 성숙하고 사회성이 발달한다. 참고 견디는 능력도 생기기 때문에 공부나 저축, 다이어트 등과 같이 당장 그 결과가 눈에 보이지는 않더라도 장기적으로 자신에게 득이 되는 목표를 이뤄낼 수 있다. 하지만 좌절감을 다스릴 줄 모르는 사람은 충동적인 경향으로 나아가기 쉽고, 화를 잘 내거나 폭력적

인 성향을 보일 수 있다. 자신의 꿈을 현실에 맞추는 게 아
니라 현실이 자신의 꿈에 맞춰져야 한다고 생각하기 때문
이다.

좌절 상황의
극복

좌절감을 다스리는 방법은 어떻게 터득되는 것일까? 이
는 아니라는 부정적 답변을 들음으로써, 한계선이 정해지
고 "지금은 안 돼."라는 말을 들음으로써 깨우쳐진다.

요즘 아이들에게는 '한계'라는 것이 별로 없다. 잡지를 펼
치고 TV를 켜는 순간, 또래 친구들과 수다를 떨기 시작하
는 순간, 아이들은 끝없는 광고와 유행에 노출되고 소비 사
회의 온갖 유혹에 시달린다.

따라서 한계선을 긋고 아이에게 좌절감을 느끼게 할 상
황이 더 많아진 부모들은 점점 더 죄책감에 시달린다. 그만
큼 아이들에게 안 된다는 말을 하거나 유혹을 이겨내는 법

Albert Edelfelt, 〈Portrait of Pietro and Mario Krohn〉, 1894, oil on canvas, 68×58cm, Private collection

에 대해 가르치는 것이 더욱 어려워졌고, 이는 더더욱 시급하고 중대한 과제가 됐다. 그러니 어려워 말고 지금부터라도 아이들에게 좌절감을 안겨주라. 이는 부모가 해야 할 일 중 하나이기도 하다.

부모의 역할은 두 가지 측면으로 나뉜다. 그중 첫 번째는 아이들에게 만족감을 주는 존재로서의 역할이다. 뽀뽀하고 안아주고 이야기를 나누며 아이를 편안하게 해주는 등 아이의 사랑 받고 싶은 욕구를 충족시켜 주는 '엄마-아빠'가 되는 것이다. 또 다른 측면의 역할은 아이들의 욕구를 충족시켜 주는 존재와는 확연히 거리가 멀다. 아이에게 좌절감을 맛보게 하고, 금지와 처벌을 행하는 '어머니-아버지'로서의 역할이기 때문이다.

아이에게는 한계가 필요하다. 따라서 아이들은 이를 발견할 때까지 계속해서 행동의 한계선을 찾으려 애를 쓴다. 이 한계선의 발견과 더불어 아이에게는 판단 능력이 생긴다. 안타깝게도 아이가 현실에서 한계에 부딪히는 경우는 점점 더 많이 생기는데, 좌절의 상황에서 아이를 더욱 강인하게 만들어주고 아이가 거절과 거부의 상황도 참고 견딜 수 있게 도와주는 게 바로 부모의 역할이다. 원하는 것을 조금 늦게 손에 넣더라도 이를 참고 기다리는 법을 가르치는 것이다.

따라서 내 아이에게 "안 돼!", "멈춰!", "그만.", "지금은 안 돼.", "나중에 해줄게."라는 말을 망설임 없이 할 줄 알아야 한다. 심지어 "엄마가 전에 그렇게 말한 적은 있었지만, 엄마 생각이 바뀌었어."라고도 말할 수 있어야 한다. 아이들과의 약속은 부모가 정신없는 틈을 타서 아이들이 다소 일방적으로 받아내는 경우가 많고, 다른 일에 집중하느라 무심결에 "알았어, 알았어. 해줄게."라고 말한 것이 아이들과의 약속이 된 경우도 많다. 이때, 생각을 번복할 수 없게 되면 우리는 아이들의 농간에 말려들게 마련이다. 생각을 바꿀 수 있는 여지가 많을수록 부모가 아이들에게 조종당할 가능성은 줄어든다.

말로 한 약속이 지켜지지 않는 상황은 아이들이 앞으로 커가는 동안에도 수없이 겪게 될 일이다. 아이가 어른을 자기 마음대로 조종할 수 없다는 점도 가르쳐주어야 한다. 아이들은 약속에 대해 의심할 줄도 알아야 하고, 약속의 가치에 대해서도 가늠할 수 있어야 한다. 만일 부모가 아이와 한 약속을 100% 다 지켜준다면, 아이는 계속해서 순진함을 유지하게 되며, 잠재적으로는 남에게 조종당할 수도 있다.

아이들이 자신의 행동에 대해 책임을 질 수 있도록 하고, 삶이란 아침부터 저녁까지 놀기만 하는 놀이공원이 아니라는 점도 일깨워주어야 한다. 우리에게는 모든 권리와 자유가 있지만, 나이에 관계없이 의무와 과제 또한 짊어지고 있다. 우리는 아이들의 이야기를 잘 들어주는 부모가 될 수도 있고, 아이를 주의 깊게 살펴주고 지켜주는 존재가 될 수도 있으나, 의무와 과제에 관한 한 아이들에게 끌려 다닐 수만은 없다.

식탁을 차리고 설거지를 하는 것은 그렇게 고된 일이 아니다. 학교에서 공부를 하는 것도 그렇게 끔찍한 '고통'은 아니다. 같은 나이에 속하는 모든 학생들은 까다로운 선생님의 지시에 따라 공부를 해야 한다. 더욱이 교육 제도가 제대로 자리 잡은 나라에서 살아간다는 건 굉장한 행운이다. 아이가 숙제를 하다가 괴로워해도 불쌍히 여기지 마라. 아이들이 해야 할 일을 다 해내고, 스스로의 행동에 대해 책임을 지도록 해야 한다. 자신의 책임에 직면하면 자립심을 키우는 데에도 도움이 되고, 자기 평가 향상에도 좋은 밑거름이 된다. 반대로 아이들에게서 모든 책임을 없애주면 아이들 스스로 자기 자신에 대해 높은 평가를 하기도 어렵고, 정신적인 성숙도 기대하기 어렵다.

아이들이 수면 욕구를 채울 수 있도록 제때에 일찍 재우고 저녁 시간은 부모의 평온한 휴식 시간으로 삼자. 아이들이 잠자리에 든 이후 어머니나 아버지를 찾으면, 생리적 욕구에 관해서는 들어주되, 지나친 친절을 베풀며 아이들의 모든 시중을 들어줄 필요는 없다.

아이가 조금 더 큰 경우에는 거실 TV를 어린이 채널로 독점하기를 요구하고 비디오 게임을 틀어달라고 실랑이를 벌이겠지만, 그보다는 침대에서 좋은 책 한 권을 읽게 하는 편이 더 유익하다. 집 안의 거실은 다시 부모의 차지가 되어야 하며, 특히 저녁 9시 이후로는 전적으로 부모의 공간으로 사용해야 한다. 학기 중에는 말할 것도 없다. 그러니 여유롭게 저녁 시간을 만끽하며 미래를 그려보라.

아이들에게 선을 그어주는 일은 처음에는 상당한 노력이 필요하나 장기적으로 보면 그 결실을 거둘 수 있다. 아이들 스스로 식탁을 차리고 이를 닦을 수 있도록 하려면 아이들에게 관심을 갖고 순서를 일깨워주며 단호하게 지시해야 한다.

부모가 죄책감을 크게 느끼지 않는 상황이라면 이렇게 단호한 훈육법이 그리 어렵지 않을 수 있다. 스스로의 요구가 정당하다는 것을 확신한다면 소리 지를 필요도 협박을 할 필요도 없다. 이럴 경우 단호하고 차분하며 효과적인 화법이 가능하며, 아이들도 부모의 단호한 의지를 본능적으로 감지한다. 물론 당연히 툴툴거리기야 하겠지만 그래도 할 건 한다.

만약 아이에게 소리를 질렀다고 해도 그에 대해 죄의식을 갖지 마라. 아이에게 부모의 감정을 보여줄 필요도 있다. 부모도 실수할 수 있는 한 사람의 인간이다. 더없이 부족한 자기 자신을 허용하고 받아들이자.

한계선 설정의
어려움

부모가 아이를 훈육하는 데 있어서 한계선을 긋는 게 그렇게 간단하지만은 않다.

부모들은 아이와의 씨름에서 한 번 지고 나면 아이에게 확실하게 선을 긋지 못하고 망설이는 경우가 많다. 더 나아가서는 죄책감을 느끼고 미안해하기까지 한다. 쓸데없이 위축되거나 변명거리를 찾기도 한다. 어찌해야 할지 좀처럼 갈피를 잡지 못하는 것인데, 나 혼자만의 문제라 여기고 죄책감에 사로잡혀서는 안 된다. 부모들이 어려워하는 부분은 비슷하다.

한계선 설정을
어렵게 하는 요소들

애정과 모성애의 혼동

모성애는 우리가 제일 처음으로 받았던 사랑이며, 다들
이를 어린 시절의 향수로 간직하고 있다. 아이를 키우면서
우리는 아이에게 무조건적인 사랑을 줘야겠다고 생각하지
만, 아이가 만 8세를 넘어가면서부터는 무조건적인 모성애
가 아이에게 독으로 작용한다. 자립심을 키워주기보다는
어리광만 키우는 결과를 가져오기 때문이다. 그러므로 아
이에게 말할 때에는 "엄마는 널 사랑해. '그리고' 이 빵에는
네가 직접 버터를 발라야 하는 거야."라는 식으로 자립심을
키워줘야 한다.

가치의 갈등

인내심을 배울 나이가 한참이나 지났음에도 아이가 순간
적으로 흥분하여 어쩔 줄을 모르면 부모 입장에서 역시 아
직은 아기라고 생각하며 나약한 모습을 보이기 쉽다. 더욱

John Hoppner, 〈The Sackville Children〉, 1796, oil on canvas, 152.4×124.5cm, The Metropolitan Museum of Art

단호하게 아이를 대해야 함에도 아이의 어리광에 약해지는 것이다. 그 결과, 아이에게 참을성 있게 기다리는 법을 가르치며 확실히 선을 그어주기보다는 너무 빨리 아이의 요구를 들어줘버리고 만다. (하지만 아이는 부모의 생각보다 어리광을 부려도 되는 나이에서 일찍 벗어난다.) 그러므로 부모는 가치의 우선순위를 정할 수 있어야 한다. 다정한 부모의 모습과 단호한 부모의 모습이 서로 갈등을 빚을 때, 이 두 가지 모습 중 현재의 상황에서 중요한 것은 어떤 모습인가? 아이를 다정히 대하는 게 좋다고 판단하기 쉽지만 이 상황에서 다정함만이 반복되는 것은 결국 아이의 성장을 저해할 수도 있다.

지나친 죄의식과 부족한 이기주의

'부모의 이기주의'는 오로지 자기만 생각하라는 게 아니라 부모 스스로 자기 자신을 존중하고 자신의 목소리에 귀를 기울이라는 뜻이다. 1장의 부모의 죄의식을 다루는 부분에도 언급한 것처럼, 자녀 양육에 심각한 폐단을 불러오는 죄의식은 역설적이게도 '좋은' 부모들과 관련된다. 좋은 부모들이 정말로 좋은 부모가 되지 못하도록 발목을 잡는 요인인 셈이다. 부모의 죄의식은 상황을 개선시키기보다는 더 악화시키는 결과를 가져오므로, 우리는 완벽한 부모를 꿈꾸기보다 부모로서의 긴장을 조금 늦출 필요가 있다. 심리 치료를 동원해도 괜찮다. 우리 아이들이 장차 어른이 되어 우리의 괜한 죄의식 때문에 생긴 정신적 외상을 치료하기 위해 전문가의 도움을 받을지도 모른다. 아직은 전문가의 손길이 필요하지 않은 상황이라면, 부모 스스로 죄의식을 내려놓음으로써 모두가 긴장을 풀고 편히 쉴 수 있도록 하자.

어린 시절의 안 좋은 기억

어린 시절 유독 싫어하던 음식이 있었다거나 유난히 입기 싫어하는 옷차림이 있었는데 부모로부터 강요 받거나 환경적으로 어쩔 수 없는 부분이라 먹거나 입어야 했다면, 부모가 된 그 사람은 자기 아이에게는 먹고 싶은 것만 먹고 옷도 맘대로 입게끔 가만 내버려두기 쉽다. 내 아이는 어릴 적의 나 같은 '기구한 운명'에 처하지 않게 만들려는 것이다. 하지만 과거의 나를 생각하며 차마 내 아이에게 강요하지 못하는 부분을 두고 전전긍긍하지 말고 어른으로서의 객관성을 회복하자.

타인의 시선과 생각

남들이 보는 앞에서 그들을 의식하느라 행동이 달라지는 부모들이 상당히 많다. 외부의 시선에 민감한 사람들은 마트에서도 쉽게 찾아볼 수 있다. 일례로, 아이가 마트에서 고래고래 소리를 지르면, 당황한 그 부모는 주위 사람들에게 애써 웃음을 지으면서 연신 죄송하다는 말을 하기 일쑤다. 하지만 주위 사람들의 시선에 일일이 연연해할 필요는 없다. 이런 상황에서 부모에게 제일 엄격한 잣대를 들이대는 사람은 자녀가 없는 사람이거나 과거 자신이 아이를 키울 때의 기억을 모두 잊어버린 경우가 대부분이기 때문이다. 주위 사람들의 말은 지극히 상대적 관점에서 받아들여야 한다.

처벌과 훈계의 정당성을 무너뜨리는 주변의 개입

아버지가 목소리를 높이면 어머니가 끼어들며 "애 좀 가만 내버려둬!"라고 말한다. 반대의 경우도 마찬가지로 종종 일어난다. 아니면 부모가 열심히 훈계를 하고 있는데 할머니나 이모, 고모가 끼어들며 불쌍하게 혼나는 아이를 구해주려 한다. 가끔은 괜찮지만 번번이 이런 상황이 발생하면 이는 문제가 될 수 있다. 한 사람은 어른으로서 아이에게 선을 그어주려 노력하는데, 또 다른 어른은 이를 무마시키는 꼴이 되기 때문이다. 아이의 학교생활에 대해 잘 모르는 몇몇 부모들은 자녀에 대한 처벌이 지나치다 생각되면 학교 선생님에게 가서 처벌이 과연 합당한 수준이었는지에 대해 따지는데, 그렇게 되면 교사의 권위가 흔들리고 학사 일정이 끝날 때까지 일이 복잡해질 수 있다. 분위기가 이렇게 흘러가면 아이들은 응당 받아야 할 처벌도 받지 못하게 된다.

좋은 사람 역할에 대한 욕심

부모의 역할은 두 가지 측면으로 나뉜다. 하나는 다정한 '엄마-아빠'의 측면이고, 다른 하나는 엄격한 '어머니-아버지'의 측면이다. 많은 가정에서 부모 중 한 사람이 착한 사람 역할을 맡아 친절한 모습으로 아이를 대하면, 나머지 한 사람은 화내고 혼내는 나쁜 사람 역할을 맡는다. 그런데 아이에게는 이 부모의 모습 네 가지가 다 필요하다. 엄마와 아빠, 어머니와 아버지 모두가 필요한 것이다. 아이에게 다정한 모습을 보이면 당장은 좋을지 몰라도 장기적으로는 독이 될 수 있으며, 엄격한 모습만 보이는 것도 언제나 좋지만은 않다.

아이들 스스로 자신의 약한 모습 앞에서 부모가 보이는 다정함과, 자신에게 합당한 꾸중을 하는 부모의 뿌리 깊은 애정을 분명히 구분하며 두 가지 모습을 다 받아들일 수 있다는 사실을 간과해서는 안 된다.

자신의 한계선을 정한다

아이에게 한계선을 그어주기 어렵다면 앞쪽에 언급된 요소들 가운데 어떤 점이 문제였는지 파악하고, 나아가 이 한계선을 흔드는 요인이 무엇이었는지도 찾아보자. 내 아이의 행동에서 나는 어디까지 허용하고 어디까지 허용하지 않을 것인지도 구분해야 한다. 약간의 개인차는 있겠지만 전반적으로 부모 입장에서 수용할 수 있는 부분과 그렇지 않은 부분의 구분은 다음과 같다.

아이와 타인 모두를 위해 받아들여서는 안 되는 부분
- 법칙의 위반
- 기본적인 안전 수칙을 지키지 않는 경우(위험에 처하는 경우)
- 자기 존중이나 타인에 대한 존중이 결여된 경우
- 전반적인 상식의 부재
- 보건 위생 차원의 문제(건강에 문제가 생기는 경우)
- 공동생활에서 규칙을 지키지 않는 경우
- 유아기의 전지전능한 존재에 대한 환상을 유지, 발전시키는 경우(부모가 언제나 항상 자기 곁에 있어줘야 하고, 자신이 원하는 것은 뭐든지 다 들어줘야 한다고 생각하는 경우)
- 신체적 혹은 정신적으로 온전치 못할 만큼 피해가 가는 경우

Christian Krohg, ⟨Tired⟩, 1885, oil on canvas, 61.5×79.5cm, Norway National Gallery

아이의 행동에서 받아들여줘야 하는 부분

• 취약하거나 미숙한 부분(스스로를 지킬 힘이 부족하거나 감정 조절에 어려움을 겪는 경우 적절한 도움을 준다.)

• 완벽하지 못하고 실수를 하는 경우(조금 느리게 가도 괜찮고, 서툴고 미숙해도 괜찮으며, 실수를 하든 성공을 하든 괜찮다고 말해주고 수용하는 태도를 보인다.)

• 의존성의 측면(아이가 꼭 필요로 하는 부분, 한정된 범위 안에서만 물질적 욕구를 충족시켜 주며, 부모에게 의지하는 가운데 아이가 자립성을 키워가도록 해준다. 아이는 일곱 살 무렵부터 자립성을 키워가기 시작하여 늦어도 스물한 살 무렵에는 완전히 독립해야 한다.)

• 그 나이에 있을 만한 미숙함

아이의 발달 단계에 맞는 자연스러운 특징이라면 그 정도는 받아들여줘도 좋다.

한계선을
설정하는 법

피해야 할
훈육 방식

　가정에서 널리 사용되고 있는 일부 훈육 태도와 방식은 불필요하게 상황을 더 복잡하게 만드는데, 그중 대표적인 몇 가지를 짚어본다.

배우자의 권위 실추
　남편이나 아내가 '자신'의 생각에 따라 '우리'의 아이에게 이래라저래라 하는 것을 우리는 좀처럼 가만히 내버려두기가 힘들다. 예를 들어 아버지가 목소리를 높일 때 어머니의 마음속에서는 어린 소녀 한 명이 깨어난다. 이 소녀는 아버지가 잔소리를 하는 게 영 듣기 싫다. 이에 서서히 화가 북받쳐 오르면서 터지기 일보 직전의 상태가 된다. 그래서 아버지들이 아이에게 한 소리를 할 때 어머니들은 이를 멈추기 위해 본능적으로 끼어든다. "애 좀 가만 내버려둬! 그게 그렇게 중요한 것도 아니잖아! 별것도 아닌 일을 가지고 뭐 그렇게 말이 많아?" 어머니의 마음속 소녀는 이제야 마음이 놓인다. 소녀는 감히 호통치는 아버지를 잠재울 수 있다.

반대로 어머니가 목소리를 높이면 이번에는 아버지의 마음속에서 어린 소년 한 명이 깨어난다. 그리고 어머니가 잔소리를 하는 게 듣기 싫은 소년은 서서히 화가 북받쳐 오르면서 터지기 일보 직전의 상태가 된다. 그래서 어머니들이 뭐라 한 소리를 할 때 아버지들은 이를 멈추기 위해 본능적으로 끼어든다. "애 좀 가만 내버려둬! 그게 그렇게 중요한 것도 아니잖아! 별것도 아닌 일을 가지고 뭐 그렇게 말이 많아?" 아버지의 마음속 소년은 이제야 마음이 놓인다. 소년은 감히 호통치는 어머니를 잠재울 수 있다.

간혹 이게 일상적으로 반복되며 구조화되는 경우가 있다. 한 사람이 아이에게 한계선을 그어놓으면, 다른 한 사람이 끼어들어 이를 무마시켜 버리는 것이다. 하지만 부모의 마음속 꼬마들이 하고 싶은 대로 놔두기에는 이를 위해 치러야 할 대가가 너무 크다. 결과적으로는 아이만 승리를 독차지하는 꼴이 되기 때문이다. 자신이 잘못한 것을 두고 부모가 싸우면 아이는 그 모든 책임에서 벗어날 뿐 아니라 부모를 서로 싸우게 만들 수 있다는 무소불위의 권력까지 쥐게 되는 것이다.

아이의 행동을 허용하는 한계선의 범위를 정리하더라도, 그때그때의 상황이나 감정 상태에 따라 이 선은 흔들리게 마련이다. 부모가 피곤하고 지쳐 있거나 스트레스와 짜증에 사로잡혀 있는 경우에는 평소의 친절하고 다정했던 모습은 온데간데없이 아이를 받아줄 수 있는 수용 한계가 현저히 낮아질 수 있다. 반대로 무언가 기분 좋은 일이 생긴다면 아이가 아무리 떼를 써도 관대하게 다 받아줄 수 있다.

이러한 수용 한계선은 사람에 따라서도 달라질 수 있는데, 내게는 대수롭지 않아 보이는 행동이라도 다른 누군가에게는 결코 용납할 수 없는 행동일 수 있고, 반대로 다른 사람에게는 괜찮아도 나만큼은 결코 지나치지 못하는 부분일 수 있다. 그래서 부모가 매 순간 의기투합해서 함께 아이를 훈육하기로 해도 이 같은 합동 작전이 언제나 지켜지는 것은 아니다. 사실 아이도 부모의 관점이 다르다는 것을 본능적으로 눈치챈다. 그러므로 서로의 상황이나 관점의 차이 때문에 상대의 권위를 깎아내려서는 안 된다.

어느 아침, 어머니는 충분히 휴식을 취해 컨디션도 좋고 기분도 좋은 상태다. 그리고 아이는 있는 힘껏 나팔을 불어 댄다. 어머니 입장에서 봤을 때 이 나팔 소리는 아이가 나팔 부는 것 외에 다른 행동을 하지 않는다는 표시이기도 하다. 그런데 피로가 누적된 아버지는 아침부터 극심한 편두통에 시달린다. 아버지가 아이에게 나팔을 그만 불라고 저지하며 나섰을 때, 가장 이상적인 것은 어머니가 이를 막지 않는 것이다. 그리고 아버지가 나팔을 불지 못하게 한 것에 대해 아이가 어머니한테 가서 불평을 하면 어머니는 아버지가 그어놓은 저지선을 무너뜨리지 않은 채 어머니와 아버지의 차이에 대해 말로써 차근차근 설명해 주는 게 가장 바람직하다. "엄마는 네 나팔 소리가 좋은데, 아빠한테는 지금 조금 시끄러울 수 있어. 그러니 지금은 나팔을 불지 않는 편이 좋을 것 같아."

상대가 받아들이기 힘들어하는 부분을 억지로 받아들이

게 해서는 안 된다. 다만 부모 중 한 명의 수용 한계선이 너무 낮고 일상생활 속에서 아이한테 지나치게 엄격하게 구는 상황이라면, 아이가 같은 공간에 있지 않을 때 부부끼리 서로 상의하여 그 선을 어느 정도 조정할 수는 있다.

한계선 설정에 따른 지나친 변명

은행 대출을 받으려는데 은행원이 대출이 불가하다고 안 내해 준 상황을 가정해 보자. 대출을 거부당해 심히 좌절한 나머지, 은행원이 내게 대출 불가의 사유를 제시하는데도 전혀 귀에 들어오지 않는다. 은행원은 세계 금융 시장의 상태에 대해, 인플레이션이나 중앙은행의 운영 시스템, 은행의 대출 결정 방식, 은행이 지는 부담과 은행 입장에서의 우선순위 등에 대해 몇 시간 동안 설명을 하지만, 내 입장에서 이는 좀처럼 귀에 들어오지 않는다. 그리고 나의 대출 신청을 거부했다는 점 때문에 온갖 이유로 이 은행원을 깎아내리고 싶을 것이다. 내가 돈 갚을 능력이 부족해 보였기에 은행원이 대출을 거부했으리라는 점은 본인 스스로도 잘 알고 있다. 다만 여기에서는 나 스스로가 느낀 좌절감이 크게 작용한다.

우리가 아이에게 왜 지금 침대에 가서 잠을 청해야 하는지 장장 몇 시간에 걸쳐 설명한다 하더라도 그 상황에서 아이는 정확히 대출을 거부당한 이 사람과 같은 기분을 느낄 것이다. 아이 또한 자신이 일찍 자야 한다는 것은 잘 알고 있다. 하지만 우리가 왜 잠이 중요한지, 잠을 자지 않으면 다음 날 얼마나 피곤한지에 대해 설명하고, 네가 잠을 자야 어른들도 어른들의 시간을 보낼 수 있다는 식의 이야기를 제아무리 길게 늘어놓은다 해도, 아이는 콧방귀도 뀌지 않을 것이다.

부모들은 아이에게 한계선을 그을 때, 그에 대해 너무도 자세히 설명을 해주며 스스로를 정당화하려 한다. 그런데 이는 일을 더 복잡하게 만드는 꼴밖에 되지 않는다. 괜한 시간만 버릴 뿐이고, 아이들의 이해에도 별 도움이 안 된다.

구체적인 문제점 지적
부모는 아이가 숙제를 안 한 것을 뻔히 알면서도 "숙제했어?"라고 물어본다. 이런 의도적인 질문은 아이를 간접적으로 탓하는 방식에 해당하기 때문에 아이를 공격적으로 만들거나 괜한 죄책감에 시달리게 할 수 있다. 청소년기의 자녀라면 이런 물음에 문을 쾅 닫고 들어갈 수도 있다. 따라서 그 같은 방식의 질문을 하기보다는 차분하고 단호한 어조로 "지금 시간이 저녁 5시 반인데, 얼른 숙제 시작해야지?"라는 식의 문장을 구사하는 편이 더 효과적이다.

또한 아이가 지켜야 할 선을 지키지 않았을 경우, 아이를 벌하기 이전에 먼저 이 선을 분명히 말로써 표현했었는지의 여부를 확인해야 한다. 어떤 것들은 어른인 우리에게는 너무 당연한 부분이라 아이들에게 명확히 표현하는 것을 깜빡할 때도 있다. 아이가 알지 못하는 어떤 규칙을 어긴 것에 대해 아이를 나무라면 상황이 꽤 미묘해진다. 아이는 자기가 어긴 그 규칙이 무엇인지 혼자 알아맞혀야 하기 때문이다. 만일 이러한 상황이 자주 반복된다면, 아이는 사람들이 자신에게 기대하는 것을 자신이 먼저 알아맞히고 이를 앞서가려 하는 등의 '과적응 태도'를 보일 수 있다. 이런 과적응 태도는 자기 확신의 장애 요인으로 발전한다.

Hilda Fearon, ⟨A portrait of a mother and her two sons⟩, 1911, oil on canvas, 76×63cm, Private collection

아이들에게 선을 그어주려면
어떻게 해야 하나

아이들에게 해도 되는 것과 하면 안 되는 것에 대해 분명히 알려주고 우리가 아이들로부터 구체적으로 어떤 행동을 기대하는지 일러주면 문제의 80% 정도는 해결이 된다.

아이들이 스스로 한계를 찾아 헤매는 경우는 한계선이 확실히 정의되지 않은 경우뿐이다. 따라서 아이들이 허용 한계를 몰라 우왕좌왕한다면 이는 그 문제에 대해 우리가 확실히 입장 표명을 하지 않았기 때문이라고 생각하면 된다. 아마도 앞서 언급한 여러 가지 안 좋은 상황으로 인해 제대로 된 위치 설정이 안 된 탓일 것이다. 부모의 생각이 정리되면 아이들도 순순히 따라온다. 부모의 권위가 회복됐을 것이기 때문이다.

나머지 20% 중 10%는 단호하고 명료하게 선을 그어주면 해결된다. 부모 스스로 생각이나 감정이 정리된 상태라면 이는 저절로 풀릴 문제다. 아이에게 말을 일찍 해줄수록 상황은 더 수월해진다. 오해와 짜증이 쌓이지 않도록 하고, 한계선을 찾아가는 과정에서 소소하게 규칙을 어기는 경우가 나타나지 않도록 한다.

나머지 10%는 한계선이 제대로 지켜지고 있는지 수시로 확인을 해주면 해결된다. 아이에게 확실히 선을 그어주었다고 생각한 부분에 대해 아이가 다시금 불분명하게 행동하면 부모는 자신의 훈육 방식이 실패했다고 여기기 쉽다. 아이가 한계선이 여전히 그대로인지 수시로 확인해 보는 건 지극히 정상적인 일이다. 한 번 그어준 선이 언제나 그 자리에 그대로 있는 게 아니라 시간이 지남에 따라 약간씩 흔들릴 수 있기 때문이다.

나이가 들고 나면 자녀 쪽에서 부모에게 다시금 한계선을 재설정하자는 요청을 해올 수도 있다. 예전에는 안 된다고 했던 부분에 대해 이제는 나이를 더 먹었으니 선을 넘어가도 되지 않느냐고 물어오는 것이다. 회사 대표가 예전에는 거부했던 임금 인상안을 어쩌면 6개월이나 1년 후에는 허락해 주는 경우도 있으니 말이다.

처벌의
문제

이 책을 통해 지금껏 제안해 온 방법들을 실제로 적용하면 아이를 실질적으로 처벌할 일은 없으리라 생각된다. 하지만 모든 규칙에는 이를 어길 시 그에 상응하는 처벌이 있어야 한다. 그리고 가급적이면 아이가 규칙을 어겼을 때 감정이 격해진 상태로 그 자리에서 처벌을 하는 것보다는 그러한 상황이 오기 전, 냉정하게 이에 대해 고민해 보는 편이 낫다.

아이가 갑작스레 용납하기 힘든 행동을 한 경우, "지금 한 행동이 뭐니? 이거 안 되겠구나. 잘못된 행동을 했으니 그에 맞는 벌을 좀 받아야겠어."라고 과감히 말할 수 있어야 한다. 아이가 기존의 규칙을 어긴 상황이라면 아이에게 다시금 규칙을 환기시켜 준 뒤, 정해진 벌칙을 한두 차례 부과하도록 한다. 아이가 부모의 제재를 무시하는 상황이 벌어진다면 이 제재가 너무 약했거나 아니면 규칙 체계 전체가 잘못된 것일 수 있다.

피해야 할 처벌

아이의 자존심에 상처를 입히거나 아이에게 심리적인 타격을 입히기 위해 아이가 저지른 잘못과 무관한 제재를 가하는 것만큼은 절대로 하지 말아야 한다. 아이가 부적처럼 여기며 유독 아끼는 물건을 빼앗아서는 안 되며, 아이의 태도와 구체적인 관련이 없는데도 아이가 좋아하는 운동을 못 하게 하는 등의 처벌을 하는 것은 옳지 않다.

만약 아이에 대한 처벌이 너무 과하거나 지나칠 정도로 장시간 지속되면 이는 또 다른 규칙 위반으로 나타난다. 가령 스쿠터를 목숨처럼 아끼는 청소년에게 일주일간 스쿠터 타기를 금지시키면 이것만으로도 아이에게는 막중한 벌이 된다. 그런데 이 아이에게 한 달 이상 스쿠터를 타지 못하게 할 경우, 아이는 결국 부모 몰래 스쿠터를 타고 나갈 수밖에 없다. 한 달이라는 기간이 이 아이에게는 영원히 끝나지 않을 것같이 긴 시간이기 때문이다.

따라서 아이에게 제재를 가할 때에는 아이가 저지른 '잘못'과 관련이 있는 처벌 방식으로 짧은 기간 동안만 제재해야 한다. 몇 가지 예를 들면 다음과 같다.

- 아이가 비사회적인 행동을 하는 잘못을 저질렀을 때에는 일정 시간 동안 아이를 구석에 혼자 세워두도록 한다. 아이에게 사과를 요구하되, 단순히 '잘못했다'는 말만 시킬 게 아니라 왜 잘못했는지 무엇 때문에 아이의 행동이 옳지 못했던 것인지 앞뒤 상황과 함께 사과를 하게 한다. 그리고 아이의 행동 때문에 생긴 상황에 대해 아이가 바로잡을 수 있게끔 한다.
- 아이가 놀러 나가서 제때 들어오지 않거나 정해진 놀이 시간을 준수하지 않을 경우, 일시적으로 아이의 외출을 금지한다.
- 아이가 물건을 망가뜨리면 아이에게 이를 고치도록 하거나 아이의 용돈으로 물건 값을 마련하게 한다.

나는 체벌에 대해서는 전적으로 반대하는 입장인데, 체벌은 그 어떤 교육적 효과도 없기 때문이다. 처음에는 손바닥을 때리거나 한쪽 엉덩이를 가볍게 치는 것에서 시작하겠지만, 어느새인가 엉덩이나 따귀를 세게 때리는 자신을 발견할 수 있을 것이다. 그렇게 되면 폭력과 학대의 악순환이 시작된다. 쉽게 손이 올라가고 호통이 잦아진다면 주위 사람들에게 말려달라고 도움을 요청하라. 아이들에게 손찌검을 하기 시작하면 금세 안 좋은 훈육의 길로 접어들 수 있다.

자녀 양육뿐만 아니라 전반적인 삶에서 대체적으로 자기 확신이 부족하고 'NO'라는 말을 하는 게 쉽지 않다면, 자기 확신이나 거절하는 법을 다룬 심리서를 참고하는 것도 도움이 될 것이다. 이를 통해 단호히 말하는 화법을 익히는 데에 필요한 정보를 얻을 수 있다.

4장

내 아이를 위한
수용법

확고하게 정해진 한계선 안에서 부모의 보호를 받는 동시에 단호한 훈육이 이루어진 아이에게 마지막으로 우리가 다가가기 위한 화법은 바로 아이를 인정하고 수용하는 화법이다. 즉, 아이에 대한 무조건적인 사랑을 표현하는 방식을 익히는 것이다.

어렸을 때나 지금이나 우리는 모두 타인의 관심과 인정을 받기 원하며, 특별하고 중요한 존재로서의 나를 부각시키고자 한다. 누구나 주위 사람들이 자신을 남다른 존재로 대해주기를 원하며, 자기만이 갖고 있는 특별한 역량으로써 남들과 다른 독보적 존재로 주목받길 바란다.

주위의 관심을 사지 못하면 자신을 별 볼일 없는 무의미한 존재로 생각하여 괴로움을 느끼기도 한다. 주위의 호의적인 관심을 끌지 못할 경우, 우리는 부정적인 시선이라도 끌어보려 노력한다. 아이들도 무시되고 외면당하는 것보다는 부정적으로라도 주목받는 쪽을 더 선호한다.

자신감 정립의
기본 구조

타인의 관심은 우리의 삶에 있어서 없어서는 안 될 필수적인 요소다. 누구나 특별하고 중요한 존재로서의 나를 인정받길 원하고, 자기만의 특별한 역량으로써 남들과 다른 독보적 존재로 주목받고 싶어 하기 때문이다.

아이는 아이대로, 어른은 어른대로 모두가 이러한 욕구를 지니고 있다. 스스로를 수용하는 자신감 정립이 제대로 되었는지의 여부에 따라 타인의 관심을 수용하는 과정에서도 큰 차이가 나타난다.

자신감은 세 개의 층위로 이루어져 있다.

1차 구조
: 자기애

자기애가 강할수록 스스로를 보살피는 마음은 더 커진다. 자기애가 강하면 자신이 필요로 하는 부분이나 자신의 욕구, 건강, 외모 등에 대해서도 더욱 잘 챙기고, 안락한 삶을 꾸리기 위한 의지도 높다. 외부의 육체적—정신적 공격으로부터 스스로를 지켜내고 보호할 수 있는 역량을 키우기 위해 더 애를 쓴다.

자기 자신을 존중하는 사람들은 타인 또한 자신을 존중하게 만든다. 이들은 자신을 향한 구타나 욕설을 일체 받아들이지 않으며, 굴욕적인 상황도 용인하지 않는다.

반대로 자기 자신을 사랑하지 않는 사람들은 스스로의 욕구를 등한시하는 경우가 많으며, 자신이 무엇을 필요로 하는지도 잘 알지 못하고 생활력도 부족하다. 자신을 위험에 빠뜨리는가 하면 참을 수 없는 환경에서도 불만을 표출하지 않은 채 그냥 참고 견딘다.

두 가지 경우 모두 유년기 시절 부모가 어떤 태도를 보였는가에 따른 직접적인 결과다.

2차 구조
: 자아 이미지

자아 이미지는 우리가 자기 자신을 바라보는 주관적 인식이자 남들의 눈에 자신이 어떻게 비칠 것인지 스스로 생각하는 이미지다. 실제의 자기 모습과는 꼭 일치하지는 않는다. 우리는 자신이 잘생기고 똑똑하며 재미있다고 생각할 수도 있고, 반대로 못생기고 어리석으며 보잘것없는 존재라고 여길 수도 있다. 이러한 인식이 객관적으로 맞든 틀리든 스스로에 대해 자신이 갖고 있는 이 주관적인 생각이 바로 자아 이미지다.

자아 이미지는 우리를 가까이에서 살피며 교육한 사람이 우리에게 어떤 이미지를 심어주었느냐에 따라 전적으로 달라진다. 인생에서 성공을 했는지 안 했는지의 여부와 마찬가지로 예쁘고 멋있다는 '객관적 사실' 또한 부모의 인정에 따른 문제라는 생각을 우리는 전혀 하지 않는다. 해부학적으로 잘생긴 것은 사진 등으로 볼 수 있는 객관적인 상황이고, 아름다움이란 주위의 인정을 받았느냐 그렇지 않았느냐의 문제다.

딸이 아버지의 시선을 통해, 아들이 어머니의 시선을 통해 스스로의 외면적—내면적 아름다움을 인식할 수 있다면 자녀는 그 자신이 아름답다는 자아 이미지를 가질 수 있다.

3차 구조
: 성공의 인정

자신감의 세 번째 층위는 무언가를 해낼 역량이 되는지, 스스로의 도전 과제를 달성해 낼 능력이 있는지, 장애물을 극복하고 이로부터 한 단계 더 성장하여 새로운 노하우를 터득할 수 있는지의 문제와 관련되어 있다.

스스로의 성공을 인정하는 것은 자신감의 강화와 함양을 위해서도 반드시 필요하다. 자기애가 무척 강한 사람이라고 해도 자신감은 취약할 수 있다. 수시로 자신감을 북돋워 주는 외부의 작용이 없다면 자신감은 결국 흔들리고 퇴색될 수밖에 없다. 외부의 작용과 더불어 스스로도 자신의 성공을 인정할 수 있다면 이 사람은 자기 평가 또한 높은 수

Browne Henriette, ⟨A Girl Writing; The Pet Goldfinch⟩, 1874, oil painting, Victoria and Albert Museum

준을 유지할 수 있다. 그래서 자신감 부족 문제를 치료할 때에는 대개 스스로의 성공에 대해 인정할 수 있는 능력을 복원하는 것부터 시작한다. 성과의 규모와 상관없이 일단 은 자신이 잘했다는 점을 스스로가 인정하는 것부터 시작 하는 것이다.

자신감의 각 층위들(자기애, 자아 이미지, 성공의 인정)은 서 로 연계되어 있으며, 하나가 다른 둘을 더욱 키워주는 구조 로 되어 있다. 내가 나를 사랑하면 할수록 자아 이미지는 긍정적으로 발전하고, 스스로의 성공에 대해서도 쉽게 인 정할 수 있다. 또 자신의 성공을 인정할 줄 알면 자아 이미 지도 긍정적으로 발전하고 자기애도 더 커지게 마련이다.

부모로서 우리가 맡은 역할은 자녀가 자신감을 더욱 키 워갈 수 있도록 물을 대주고, 자녀가 자신감에 대한 구조적 시스템을 스스로 잘 관리하여 좋은 결실을 거둘 수 있도록 북돋우며 가르치는 것이다.

자기애 지키기
: 아이를 따뜻하게 맞아주는 화법

칵테일파티에 초대를 받은 상황이라고 가정해 보자. 조금 늦는 바람에 파티가 한창일 때 도착한 나를 맞아주는 사람들은 다양한 반응을 보일 수 있다. 어떤 경우에 가장 환영받는 기분이 들까?

1. 먼저 와 있던 사람들이 내가 다가가는 것을 보자 불편해하며 꺼림칙한 기색을 보인다. 짜증이 난 듯한 표정으로 적대감을 표출한다.
2. 내가 도착한 사실을 아무도 주목하지 않는다. 이미 삼삼오오 짝을 지어 무리를 이룬 사람들은 내가 도착해도 아랑곳하지 않고 계속해서 자기들끼리만 웃고 떠들며 놀고 있다.

3. 내가 모임 장소에 들어서자 다들 반갑게 맞아준다. 모두가 내게로 와서 한 마디씩 인사를 건네고, 만남을 고대하고 있었음을 적극적으로 표현하고, 늦게라도 와줘서 고맙다고 이야기한다.

아마 1번을 택한 사람은 없으리라 생각한다. 2번의 경우라면 스스로가 사람들의 시선이나 환영해 주는 분위기를 제대로 받아들이지 못하는 게 아닌지 한번 돌아볼 필요가 있다. 일단 주위 사람들에게 반갑게 인사를 하며 다가갔는지 내 자신의 행동부터 생각해 봐야 한다. 정답은 물론 3번이다.

아이들도 사람들이 자신을 반갑게 맞아주고 있다는 느낌을 받을 수 있어야 한다.

부모에게
반가운 존재임을 인식시킨다

아이가 부모에게 있어 환영받는 존재라는 생각을 갖게 하면 아이는 부모의 삶에서 자신의 입지가 탄탄하다는 느낌을 받는다.

이론적으로 이것은 누구나 다 알고 있는 사실이지만 막상 일상적으로 아이를 대할 때는 부모가 이렇듯 따뜻한 태도를 보이는 경우가 별로 없다. 습관적으로 퉁명스럽게 말하고, 아이에게 사사건건 불만을 토로하며, 아이의 말에 귀를 열어두지 못하는 부모가 많다.

아이가 집에 들어올 때에도 반가운 기색으로 맞아주는 때가 드물다. 아이가 거실에 나오면 "뭐 더 필요한 거 있어?"라며 짜증스러운 말투로 물어보거나 "숙제는 다 했니?"라고 (1번 상황의 분위기처럼) 미심쩍은 투로 물어본다. (2번 상황같이) 무심하게 대할 수도 있다. 이런 사람은 배우자를 대할 때도 그 태도가 크게 달라지지 않는다.

나는 내 아이에게 어떤 식으로 이야기하고 있을까? "아니, 왜 벌써 왔어?"라며 밀어내는 화법을 구사하는지, 아니면 "일찍 오니까 얼마나 좋으니?"라고 반갑게 맞아주는 화법을 자연스레 구사하고 있는지 스스로 한 번쯤 확인해 볼 필요가 있다.

　아이를 따뜻하게 맞아주는 화법을 구사하려면 일단 아이가 태어나서 얼마나 반가운지부터 내색을 해야 한다. 그리고 평소에도 아이가 있음으로 인해 얼마나 기쁜지 표현을 자주 해야 한다.

　아이가 태어났을 때의 상황에 대해 나는 아이에게 어떤 식으로 이야기했으며, 아이는 이를 어떻게 받아들였는가? 상담을 하다 보면 자신이 세상에 태어난 것에 대해 죄책감을 느끼는 사람들을 많이 본다. 심지어 어떤 사람들은 자기가 부모 인생을 망쳐놓았다고도 생각했다. 나아가 부모들 대부분이 그냥 어쩔 수 없이 아이들을 키우는 것이라고 보는 경우도 있었다. 그러니 "우리 집 셋째? 걔는 낳으려고 해서 낳은 게 아니었어. 그 아이가 태어난 건 사고였지."라고 말하기보다는 "우리 집 셋째? 셋째를 계획한 건 아니었지만 굉장히 반가운 선물이었지. 이 아이가 태어나서 얼마나 다행이었는지 몰라."라고 말하자.

　아이들도 본인 스스로 태어나고 싶어 태어난 것은 아니

다. 아이가 태어난 것은 전적으로 부모의 책임이다.

아이의 탄생은 가족의 삶에 있어 경이로운 하나의 선물이다. 아이와 함께 보낸 몇 년간의 달콤하고 친밀한 시간들은 너무도 빠르게 지나간다. 이는 우리 모두가 다 알고 있는 사실이다. 그런데 자기도 모르게 아이들 앞에서 일상적으로 툴툴거리는 부모들이 있다. 아이들 때문에 사는 게 피곤하다느니, 아이들한테 돈이 많이 들어가서 힘들다느니, 아이들 때문에 내 삶이 복잡하게 꼬였다느니 하는 불평들을 너무도 스스럼없이 내뱉는 것이다. 우리는 아이들 앞에서 짜증내고 불평하는 경우가 많으며, 아이를 키우고 있는 자신이 너무도 힘들다고 생각한다. 그렇게 생각하면 한순간 마음의 위로를 얻을 수는 있다.

그러나 그 같은 우리의 불평이 아이들에게 얼마나 큰 영향을 미치고 있는지는 미처 깨닫지 못한다. 부모의 이 같은 한탄을 일상적—반복적으로 들은 아이들은 위축되고 죄책감을 느끼며, 자신이 부모의 인생에서 환영받지 못하는 거치적거리는 존재라는 생각을 하게 된다. 하지만 그런 소리를 내뱉는다 하더라도 우리는 분명 자녀를 사랑하며, 내 아이가 내 삶에 찾아와주어 다행이라 생각한다.

언제 시간이 될 때 아이 스스로 자신이 환영받는 존재라고 생각하고 있는지 물어보라. 자신이 부모에게 그리 반가운 존재가 아닐 거라 생각하는 아이의 대답을 듣고 크게 놀랄 수도 있다.

조직 내에서 환영받는 존재임을 인식시킨다

자신이 가족이라는 울타리 안에서 환영을 받고 있으며 그 안에서 자기 자리를 제대로 차지하고 있다고 느끼면, 아이는 심리적 안정을 찾을 수 있다.

가정도 학교와 마찬가지로 하나의 작은 사회적 공동체이기 때문에 그 안에서 아이는 자신의 존재감, 소속감을 느껴야 한다. 아이는 이를 바탕으로 스스로에 대한 무조건적인 사랑을 발전시켜 나가며, 이는 아이의 자신감 구축의 근간이 된다.

아이는 자신이 환영받는 존재임을 느낄 수 있어야 하고,

부모의 자식으로 인정받고 사랑받으며 그 자리에 쓸모 있는 사람임을 느낄 수 있어야 한다. 아이는 그 자신으로서 존재할 수 있어야 하며, 자녀의 성별이 늘 부모의 기대와 일치하는 것은 아니지만, 어쨌든 한 사람의 딸로서 혹은 아들로서 인정을 받아야 한다.

아이는 자기 본연의 나이에 맞게 살아갈 수도 있어야 한다. 특히 장남이나 장녀는 나이보다 어른스럽게 키우려는 경향이 많은 반면, 막내들은 계속해서 아이 취급을 하는 경우가 많다. 이 극과 극의 대우 속에서 아이들은 스스로를 제 나이로 인식하지 못할 수도 있으며, 자신이 있는 그대로 받아들여지고 있지 않다는 느낌도 받을 수 있다.

초등학교에 들어갈 나이가 되었는데 아직 신발끈 하나 제대로 매지 못하는 아이든, 이미 초등학교 2, 3학년 아이들처럼 책을 술술 읽어 내려가는 아이든 둘 다 똑같이 또래 아이들과 어울리는 데에 문제가 생길 수 있다. 그 나이의 아이들과 다르기 때문이다. 놀이터나 유치원, 학교에서 또래 친구로서 환영받고 인정받으며 어울리는 것은 아이의 사회화 과정에서 매우 결정적이며 중요한 부분이다.

아울러 가정에서 이뤄지는 여러 가지 활동에 아이들의

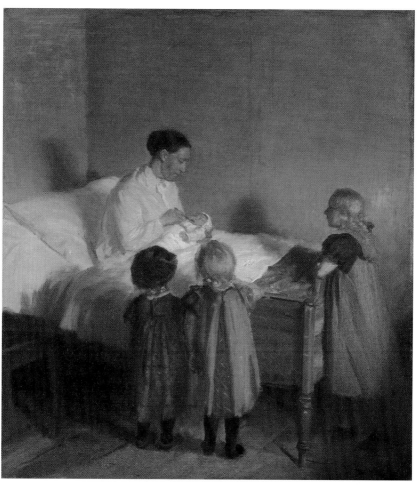

Anna Ancher, 〈Little Brother〉, 1905, oil on canvas, 62×69cm, The Hirschsprung Collection

참여를 유도해야 한다. 조금씩 활동 범위를 늘려가며 성공할 수 있게 돕는다면 아이들이 가지고 있는 쓸모 있는 존재로서 인정받고 싶어 하는 욕구를 채울 수 있다.

아이가 다소 어리고 서툴더라도 조금씩 집안일을 시켜주는 편이 좋다. 처음에는 시늉이나 하는 상징적인 수준일지라도 아이가 집안일을 돕고 있다는 느낌을 가지도록 해주는 게 중요하다.

식사 후 식탁 위를 닦는다거나 일주일에 한 번 화초에 물을 주는 등의 사소한 집안일은 별것 아닌 일 같으면서도 아이에게 자기도 집안에서 무언가 할 일이 있다는 느낌, 집안일에 도움이 된다는 느낌을 안겨준다.

예전에 한번은 몸이 아파서 집안일을 잠시 내려놓은 적이 있었다. 그때 아이의 행동을 보고 나는 이 부분이 얼마나 중요한지 몸소 깨달았다.

아이를 키우는 다른 엄마들과 마찬가지로 나 또한 오랜 기간 애정과 모성애를 혼동해 왔고, 모성애와 가사일에 대해서도 방향을 잡지 못했다. 소중한 내 아이에게 궂은 집안일이나 시킬 수는 없다고 생각한 것이다. 따라서 힘든 일이건 쉬운 일이건 궂은 집안일은 모두 나 혼자 도맡아 했고,

이에 대해 불평도 하지 않았다. 내 왕자님들이 내가 최선을 다해 관리한 궁전에서 부족한 것 없이 풍족한 생활을 누릴 수 있도록 환경을 조성해 주고 있다는 사실이 더없이 뿌듯하고 자랑스러웠기 때문이다.

하루는 허리가 너무 아파 집안일에 전혀 손을 댈 수가 없었다. 나는 자리에 눕고 아이들이 내 수발을 들게 되었다. "엄마 안경 좀 줘봐.", "차가운 물 한 잔만 갖다 줄래?", "엄마 휴대 전화 좀 찾아서 가져다주겠니?" 등등 나는 아이에게 온갖 심부름을 다 시켰고, 그때마다 적절한 순간에 "부탁 좀 할게."라던가 "고마워!"라는 말을 건넸다.

그렇게 한나절을 보내고 나니 아이가 달라진 게 느껴졌다. 아이는 내심 자랑스러워하는 눈치였으며, 내게 "나는 엄마가 아플 때가 좋아요! 나에게도 할 일이 생기잖아요!"라며 뿌듯해했다. 그렇게 하루를 다 보내고 난 뒤, 우리 꼬맹이는 환한 웃음을 지어보이며 이렇게 말했다. "엄마가 자주 아팠으면 좋겠어요!"

그날 이후 나는 느낀 바가 매우 많았다. 무엇이든지 아이에게 다 해주려고만 했던 내 욕심이 아이의 자기 평가에는 좋지 않은 영향을 미치고 있다는 사실을 알게 되었기 때문이다.

다시 몸을 추스르고 난 뒤 나는 아이가 자기 역할을 할 수 있을 만한 여지를 남기기 위해 신경을 썼다. 나름대로 무언가 할 거리를 부여해 주면서 아이 스스로 자신도 집 안에서 쓸모 있는 사람이라는 인식을 갖게 해준 것이다. 아이는 곧 내 인스턴트커피 한두 잔 정도는 전담하여 타다 주는 수준으로 발전했다.

명심해야 할 한 가지는 시간이 갈수록 아이에게 조금 더 책임을 부여해 주고, 평소 아이들이 집에서 도맡아 해야 할 일도 차츰 더 많아지도록 만드는 것이다. 학교 숙제가 많아서 여유 시간도 없고 집안일 도울 시간도 없다는 변명은 통하지 않는다. 아이들이 어른이 되고 나면 자기 일도 해야 하고 동시에 집안일도 해야 하기 때문이다.

아이들에게 요리와 청소, 빨래 등을 가르치는 것은 우리가 부모로서 마땅히 해야 할 일이며, 아이들이 성인이 되어 독립한 이후에도 어릴 때 집에서 배운 여러 가지 집안일 노하우를 활용하여 혼자서도 능숙하게 이를 잘 해낼 수 있도록 해주어야 한다.

아이들은 자라서 사회에 나가면 다양한 직업을 가지게 될 것이다. 다들 알겠지만 이 세상에 쓸모없는 직업도 없고, 사회에 도움이 되지 않는 일도 없다. 아이들은 일을 통해 사회 분담금도 꼬박꼬박 납부할 것이다. 반면 실업은 사회적 인력 손실에 해당하며, 아무런 직업도 가지지 못했을 때에는 자신이 쓸모없는 잉여 인간이라는 개인적 의식도 최고조에 이를 것이다.

아이가 집안에서 제자리를 찾아 나름의 역할을 해낼 수 있도록 가르치는 것은 나중에 아이가 자라 사회의 구성원이 되어 직업을 가지고 일을 하며 제 몫을 해낼 수 있도록 가르치는 것이다. 부모와 아이 모두 이 과정에서 즐거움을 찾을 수 있을 것이다.

자아 이미지 만들기
: 인정과 존중의 시선

아이를 바라보는 부모의 긍정적인 시선은 아이에게 가정이나 사회 등의 조직에서 스스로가 환영받고 쓸모 있는 존재라는 인식을 심어주어 아이가 자기애를 발전시키는 데에 도움이 된다. 이뿐만 아니라 아이 스스로 긍정적인 자아 이미지를 구축하는 데에도 이바지한다.

앞에서 살펴본 바와 같이 자아 이미지는 자신감을 구축하는 데 필수적인 두 번째 층위의 요소다. 인간이라면 누구나 다 자신을 바라봐주는 타인의 시선을 절대적으로 필요로 한다. 노숙자들에게 있어 가장 부족한 것도 물질적인 부분이 아니라 그를 바라보는 타인의 진실한 시선이라고 한다. 그에게 인간으로서의 지위를 부여해 주는 관심과 인정의 시선이 제일 아쉽다는 것이다.

아이들에게도 물론 인정과 존중의 시선이 필요하다. 어른이 생각하기에는 사소한 일이더라도 쉽게 감동해 주는 호의적인 시선이면 더 좋다. 부모의 눈빛은 아이들의 성장에 필요한 햇빛과도 같다. "엄마, 이것 봐요!", "엄마, 나 좀 봐요!", "엄마, 나 이거 한 것 좀 봐요!", "엄마, 여기 좀 봐요!", "엄마, 여기로 좀 와보세요!" 하며 쨋쨋거리는 아이들의 소리는 이미 수도 없이 들어보았을 것이다. 이때 아이가 원하는 대로 시선을 돌려보면 사실 무언가 대단한 걸 해놓지는 않았을 것이다. 그러나 부모가 항상 유념해야 할 점은 바로 "엄마, 나 좀 봐줘요!"라고 하는 아이의 이 집요한 한마디에 "내가 살아 있음을 느끼려면 나를 향한 엄마의 시선이 내게는 절대적으로 필요해요."라는 뜻이 담겨 있다는 점이다.

따라서 아이가 그렇게 부모의 시선을 갈구할 때는 모든 일을 잠시 내려놓고 아이 곁으로 다가가 햇빛과도 같은 환한 눈빛을 아이에게 비춰주어야 한다.

"그래, 어디 엄마 좀 보여줘 봐, 우리 애기. 엄마가 지금 봐줄게."

어머니가 이런 따뜻한 시선을 보내주면 아이는 결코 계

속해서 보채거나 목소리를 키워가며 조르지 않는다. 아이는 필요한 부분의 배터리가 완충된 상태로 다시 자기가 놀던 데로 돌아갈 것이다.

부모가 자녀에 대해 예쁘고 똑똑하며 문제 해결 능력도 뛰어나고 사교적이라 생각한다면, 아이 또한 스스로에 대해 그렇게 생각하고 자아 이미지를 구축하며 이를 현실로 만든다. 반대로 다른 애들에 비해 발달이 더디다거나 좀 바보 같은 구석이 있다거나 애가 못됐다, 이기적이다, 소극적이다, 까다롭다 하는 식으로 아이의 단점을 부각시키며 평가하는 말을 하는 것을 직간접적으로 아이가 듣게 한다면 아이는 정말로 그런 아이가 되고 만다. 대개 무의식적으로, 아이는 부모의 기대와 예상에 따라 행동하며 평생을 살아가기 때문이다. 믿기 힘들겠지만 아이들을 가까이에서 관찰해 보면 아이의 행동이 몇 년이고 부모가 생각하고 말하는 아이에 대한 이미지 틀 안에서 벗어나는 법이 없다는 사실을 깨달을 것이다.

아이는 다른 사람이 자신을 얼마나 좋아하는지, 자신이 어떤 일을 얼마나 잘하는지에 대해서 본능적으로 알고 있다. 아이의 높은 자아 존중감은 여러 가지 새로운 기술들을 숙련시켜야 하는 이 시기에 아이들이 갖게 되는 주도성과

Henry Oliver Walker, 〈Mrs. William T. Evans and Her Son〉, 1895, oil on canvas, 91.77×73.66cm, Smithsonian American Art Museum

도 밀접한 관련이 있다.

그러므로 아이를 바라볼 때에는 칭찬과 놀라움으로 가득한 환한 눈빛으로 바라봐주어야 하며, 아이를 긍정적으로 인정해 주어야 한다. 외모가 준수하고 똑똑하며, 문제 해결 능력도 뛰어나고 사교적인 데다 앞으로도 촉망받는 미래가 약속되어 있다는 점을 주지시켜 준다면 아이는 정말로 그런 사람이 될 것이다.

잘했다고 인정해 주기
:과제 달성을 위한 격려

    분야를 막론하고 실력을 인정받는 대가에게서 공통적으로 나타나는 경향이 있다.

- 초창기의 실험적 시도에 대해 높이 평가받는다.
- 새로운 인재의 잠재력을 알아보고 거기에 매료된 트레이너(혹은 스승)가 칭찬과 더불어 열심히 이를 키워준다.

    예를 들어 모차르트가 그렇듯 위대한 작곡가가 된 것은 첫 번째 습작곡부터 사람들이 극찬을 아끼지 않았고, 이어 뛰어난 음악적 기량을 갖춘 아버지가 곁에서 전폭적인 지원을 해주었기 때문이다. 과거 프랑스의 피겨 챔피언 수리야 보날리Surya Bonaly가 우수한 성적을 거둘 수 있었던 것도 단순히 타고난 재능이 뛰어나기 때문이 아니라 체조를 배운 그 어머니가 (비록 체육계에서는 비난의 목소리가 높았을지언정) 강도 높은 훈련을 시키고 늘 곁에서 정신 교육을 시켜준 덕분이다. 남편이자 프로듀서인 르네René Angélil의 훌륭한 매니지먼트 지원이 있기 전에도 이미 셀린 디옹Celine Dion은 대중에게 큰 인기를 얻고 있었으며, 다섯 살에 이미 가족들이 모인 자리에서 앞에 나가 노래 한 소절을 뽑곤 했었다. 셀린 디옹이 가수라는 직업을 선택한 것도 어머니의 지지 덕분이다.

그러니 내 아이를 꼬마 모차르트로 만들기 위해서는 부모로서 자신이 무엇을 해야 할지가 눈에 보일 것이다. 아이가 맨 처음 실험적으로 선보인 시도들에 대해 높이 평가하고, 강도 높게, 칭찬을 아끼지 않으며, 열정적으로 곁에서 코치를 해주면 된다.

타인의 시선에 대한 이 같은 욕구에는 능력 있는 사람으로 인정받고 싶은 욕구가 내재되어 있다. 만일 자녀가 "엄마, 보세요. 나도 할 줄 안다니까."라고 하거나 "나 하는 대로 그냥 놔봐. 나 혼자 할 수 있어요!"라는 식의 이야기를 점점 더 많이 한다면 그때부터는 아이가 이뤄낸 성과에 대해 잘했다고 인정해 주기 시작해야 한다.

살아가는 동안 우리는 자아 인식도 해야 하고, 자신을 뛰어넘어야 하며, 새로운 것을 만들어내거나 우리의 능력을 펼쳐보여야 한다. 목표나 도전 과제도 달성해야 한다. 이는 우리 아이들도 마찬가지다. 심지어 아주 이른 나이일 때부터 아이들은 이 같은 욕구를 느낀다. 그러니 아이들에게 아이들 수준에 맞는 목표 과제를 설정해 주고, 결과에 대해 많이 칭찬해 주자.

이제 막 높이뛰기를 시작하려는 아이 앞에 5m 높이의 허들을 놓으면 아이는 장대높이뛰기를 할 마음이 뚝 떨어질 것이다. 반면 상황이 쉽고 재미있게 진행되는 데다 결과도 만족스럽게 나온다면, 아이는 의욕에 차서 발전하는 모습을 보여준다. 그 자신의 능력에 대한 믿음도 점점 커지며, 모든 게 선순환 구조로 나아간다. 반면 외부의 지적으로 의기소침해진다면 그만큼 실력도 저하된다.

아이가 걷기 시작하면 어른들은 대개 환호성을 지르며 아이를 격려한다. 아이가 한 걸음 한 걸음 내디딜 때마다 어른들은 더 열심히 응원하고, 아이에게 연신 '잘했다, 잘했다' 소리를 하며 칭찬을 아끼지 않는다. 아이가 넘어지거나 실수를 하더라도 '괜찮다, 괜찮다' 하며 위로한다. 만일 어머니가 "이런, 바보 같으니라고! 발을 어떻게 놔야 하는지 잘 봐! 발은 약간 비스듬히 내딛는 거야. 한 발 한 발 바닥에 대라고, 이렇게! 이 굼벵아!"라고 아이에게 윽박지른다면 세상에 걸을 수 있는 아이는 하나도 없을 것이다. 그리고 주위 사람들도 어머니의 그런 말들에 경악을 금치 못할 것이다.

아이에게 격려와 응원을 아끼지 않던 교육 방식은 어느 순간 아이의 사기를 떨어뜨리는 비판과 삿대질로 전환된다. 문제는 그 전환의 시기가 너무 이르다는 것이다.

부모들은 종종 아이에게 너무 칭찬을 많이 하면 아이가 우쭐해지거나 게을러지지 않을까 걱정한다. 하지만 이는 잘못된 편견이자 논리에도 맞지 않는 생각이다. 그렇게 따진다면 우리는 요리사에게 음식이 훌륭했다고 말해서도 안 되고, 가수에게 환호를 보내서도 안 된다. 칭찬이 곧 독이 될 테니 말이다. 사람들을 주의 깊게 관찰해 보면 자기 자신에 대한 믿음을 가진 사람은 우쭐하기보다 겸손하고 객관적인 성향을 갖고 있고, 반대로 잘난 척을 하는 사람은 스스로의 부족함에 대해 의식하지 못하는 경우가 많으며, 특히 어떻게 하면 자신이 마음을 놓을 수 있을까를 계속해서 고민한다.

그러니 아이에게 처음부터 완벽해지길 강요하지는 말자. 아이에게 비판을 가하거나 아이를 깎아내려서도 안 된다. 그렇지 않으면 아이는 평생 만족할 줄 모르는 불행한 완벽주의자가 될 것이다. 아이에 대한 비판이 긍정적으로 작용하는 경우는 비판의 내용 가운데 칭찬이 대부분을 차지한다거나 개선의 여지가 있는 부분에 초점을 맞추었을 때뿐이다. 특히 '어떻게' 개선하면 좋을지에 대한 대안이 제시될 때에만 효력이 있다.

Peter Vilhelm Ilsted, 〈After School〉, 1904, oil on canvas, 49×43cm

아이 스스로 해법을
찾게 한다

아이가 스스로 자신의 능력을 인정하고 자립성을 갖기 위해서는 아이에게 내적 기준이 될 만한 부분을 발달시켜 주어야 한다. "너는 네 그림이 어떤 것 같아?"라고 물어보거나 "네 생각에 국어 점수는 몇 점 정도 나올 것 같아?"라고 묻는 식으로 아이에게 건설적인 비판 방식을 가르쳐주자. "아냐, 네 그림은 나쁘지 않아. 다음번에는 어떤 부분을 더 잘 그릴 수 있을까? 어떻게 하면 되지? 이번에 잘 그려졌다고 생각되는 부분은 어디야?" 혹은 "모든 걸 다 망치지는 않았어. 분명 네가 잘 처리해 낸 부분도 있을 거야. 마음에 들지 않는 부분이 어디야? 다음번에는 어떻게 해야 그 부분이 조금 더 잘 표현될 수 있을까?" 하는 식으로 아이와 의견을 나누고 건설적인 비판을 유도하자.

아이에게 섣불리 조언을 하지는 않도록 주의한다. 아이 스스로 자신의 생각대로 해법을 찾아내도록 가르쳐야 한다. "이 문제에 대해서는 어떤 해법이 있을까?"라고 묻는 게 중요한데, 이때 '해법'은 반드시 복수여야 한다. 그래야 아이들이 어떤 행동을 할지 선택하는 방법을 깨우칠 수 있기 때문이다.

단 하나의 해법을 찾아냈다고 생각하는 사람들은 경직되거나 다른 가능성에 대해 문을 닫아버리기 쉽다. 해법이 여러 개 존재할 수 있다고 생각하는 개방적인 사람들은 유연하고 융통성이 있으며, 상황에 대한 적응 능력이 뛰어나다. 아이에게 선택지를 하나만 제시하는 것은 선택하지 말라는 뜻이고, 선택지를 두 개만 제시하는 것은 선택을 가장한 위선에 가깝다. 선택지가 세 개는 있어야 제대로 된 선택의 길이 열린다.

따라서 부모는 아이의 행동에 있어 선택의 폭을 높여주어야 하고, 아이가 해법을 스스로 모색할 수 있도록 도와주어야 한다. "그래, 그렇긴 한데 친구한테 가서 이 이야기를 다시 말해볼 수 있겠니?", "그 친구가 너한테 뭐라고 대답할 것 같아?", "만일 친구가 기대하던 답변을 해주지 않는다면 그 친구 대신 네가 할 수 있는 부분이 뭘까?" 등의 화법을 적용해 보자.

끝으로 아이를 무조건적으로 수용해 주는 확실한 화법을 구사하려면 인격과 행동의 구분을 잘해야 한다. 캐나다의 정신과 의사이며 교류 분석의 창시자인 에릭 번Eric Berne은 이렇게 말했다.

"모든 개구리의 내면에는 왕자가 잠들어 있다. 그러니 개구리를 죽일 필요는 없고, 그저 그 안에 잠들어 있는 왕자만 깨우면 된다."

모든 아이들은 어린 왕자님이며, 우리가 그렇게 생각하는 것에 대해 아이들도 알고 있어야 한다. 그렇다고 개구리의 행동을 무턱대고 받아주라는 소리는 아니다. 왕자와 개구리는 엄연히 다르며, 아이는 스스로가 개구리가 아니라는 사실을 알아야 한다.

실제 말로 할 때에는 다음 예시를 참고할 수 있다.
"학교에서 다른 애들 괴롭히면 안 돼. 폭력은 옳지 않아. 위험하고 어리석은 행동이야. 폭력을 쓴다고 해서 해결되는 일은 아무것도 없어. 문제를 해결할 수 있는 다른 방법들이 많은데, 엄마는 네가 착하고 똑똑한 아이라는 걸 아니까 네가 다른 방법을 찾아낼 수 있을 거라 확신해. 그럼 어떤 방법들이 있는지 엄마랑 한번 찾아볼까?"

안정적인 울타리로 아이를 보호하고 단호한 훈육으로 아이를 가르치는 가운데, 이렇듯 무조건적으로 수용해 주는 화법을 구사하면 아이의 성장에 필요한 모든 형태의 화법이 완성된다. 그리고 이로써 장기적으로 아이와 부모 사이에 양질의 소통이 보장된다. 이제 남은 일은 아이의 말을 잘 들어줌으로써 내가 사용하고 있는 방식이 아이에게 잘 통하는지 중간 확인 작업을 거치는 것이다. 아이의 말에 귀를 기울일 수 있어야 자신이 어떻게 행동을 조절해야 하는지 알 수 있으며, 이는 모든 면에서 원활한 소통을 위한 양분이 된다.

Mary Cassatt, ⟨The Child's Caress⟩, 1890, oil on canvas, Honolulu Museum of Art

아이의 말을 귀 기울여
듣는 법을 익힌다

강연회를 시작하면서 나는 종종 사람들에게 이런 질문을 던진다.

"여러분 가운데 어릴 적 부모님께서 자신의 말을 잘 들어주었다거나 부모님이 자신을 잘 이해해 주셨다고 생각하는 분은 손을 한번 들어주겠어요?"

간혹 100여 명의 청중 가운데 쭈뼛쭈뼛 손을 드는 사람이 두세 명 정도 있을 때도 있긴 하나, 대부분의 경우는 손을 드는 사람이 한 명도 없다. 자신의 말을 귀 기울여 들어주는 가정 환경에서 자란 사람이 한 명도 없다니, 실로 안타까운 현실이다.

어른이 되었다고 상황이 달라지지는 않는다. 자신이 겪고 느낀 바에 대해 제대로 이해받지 못한다는 좌절감을 거의 일상적으로 맛보기 때문이다. 특히 자신이 난관에 부딪혔을 때, 이를 제대로 이해하고 받아주는 사람이 없다는 사실은 절망적이다. 반대로 100명을 붙잡고 다른 사람의 말을 귀 기울여 듣는 법을 아느냐고 물으면, 이 가운데 대부분이 진심으로 '그렇다'고 대답할 것이다. 자기는 남의 말을 잘 들어주는 편인데, 남은 자기 말을 잘 안 들어준다. 왜 이런 모순이 생기는 것일까?

이유는 간단하다. 어린 시절 우리는 '소통'하는 법을 배운다고 믿지만 우리가 정작 배우는 것은 '불통'하는 법이기 때문이다. 이런 상황은 꽤 이른 시기부터 시작된다. 예를 들어 다섯 살 때 길에서 넘어진 상황을 떠올려보자. 무릎도 다 까졌고 손바닥도 완전히 쓸렸다. 나는 울면서 어머니한테 "엄마, 아파!"라고 이야기한다. 그런데 피가 나지 않는 것을 본 어머니는 내게 이렇게 이야기한다. "아프긴 뭐가 아파? 별것도 아닌 걸 가지고!" 이때 어머니의 말을 통해 내게 전달되는 메시지는 '누군가의 아픔을 달래줄 때 그 사람의 고통을 부정해 버리는 것도 위로의 한 방식'이라는 것이다. 차이는 조금씩 있겠지만, 그토록 소중한 어린 시절 우리는 가족으로부터 자신의 고통을 부인당해 본 게 한두 번이 아니다. 무슨 말을 하면 건성으로 듣거나 관심을 딴 데로 돌려버리고, 쓸데없이 설교를 늘어놓는가 하면 비웃는 듯한 태도를 보여 마음을 상하게 한다. 꼬꼬마 시절의 뜨거웠던 첫사랑에 대한 이야기 역시 진지하게 받아들여주지 않는다.

우리는 손위 형제들이 하는 행동들을 주의 깊게 관찰한 뒤 이를 그대로 따라 함으로써 '올바른' 소통 규칙을 습득했다고 생각하지만, 우리의 형제들 또한 말은 안 하지만 자신의 이야기를 진심으로 귀담아듣고 공감해 주는 사람이 충분치 않아 괴로워하고 있었다. 그리고 안타깝게도 이들은 그러한 고충을 동생인 우리에게 그대로 전달해 준다.

그래서 누군가 무슨 말을 하면 느닷없이 그 사람의 말에 끼어들어 말을 끊는 게 보편화되었고, 나아가 아예 입도 못 열게 만들기도 한다. 만일 상대의 발언에 마음이 찔리거나 충격을 받았을 경우, 더더욱 재빠르게 상대의 말을 가로챈다. 스스로 귀를 막아버리는 이 같은 행동은 우리의 정신적 평온 상태를 깨뜨릴 수 있는 무언가를 듣고 싶지 않을 때 나타난다.

가령 상대가 나 때문에 힘들어하는 이야기를 꺼내거나 나와의 관계에서 무언가 문제를 토로할 때, 아니면 나와 다른 논리나 생각을 표출하여 내가 맞다고 생각하던 부분에 문제를 제기할 때 이 같은 반응이 나타나는 것이다. 즉, 내 마음이 편하기 위해서는 나에게 거슬리는 이야기는 하지 못하도록 막아야 하며, 상대가 말을 하기 싫게 만들 수 있는 방법이라면 무슨 수든 가리지 않고 사용한다. "무슨 그런 생각을 다 하는 거야?"라며 상대의 생각을 깎아내릴 수도 있고, "별것 아냐. 너보다 더 심한 경우도 있어."라고 말함으로써 문제를 의도적으로 과소평가할 수도 있다. "너는 ○○ 밖에 없어.", "이것밖에 없는걸.", "너는 ○○ 해야 해."라는 식으로 성의 없는 조언을 하거나 통보식으로 해법을 제안하는 것도 하나의 방법이다. 누구나 자기 말을 귀담아들어 주길 바라면서 누구의 말도 듣지 않으려는 것이다.

우리가 아이들과 소통할 때 역시 상황은 달라지지 않는다. 오히려 더욱 심해진다. 서문에서도 이야기했지만 아이는 우리 같은 어른들과도 소통을 할 수 있고, 그러면서도 알게 모르게 무의식적으로는 같은 나이였을 때의 우리와도 소통을 할 수 있다. 간혹 아이들은 우리 같은 어른들에게서 굉장히 강한 정서적 반응을 이끌어낸다. 그러므로 이 같은 부분에 대해 미리 인지하고, 아이가 우리에게 말하는 것이 언제든 과거의 고통스런 기억을 되살릴 수 있다는 것, 큰 반향을 불러일으킬 수도 있음을 받아들이는 게 중요하다. 만일 이런 일이 생길 경우, 어린 시절의 그 기억을 똑바로 마주하며 이 오랜 상처를 치유해야 한다. 자신의 내적 평온을 되찾기 위해 애먼 우리 아이들만 입 다물게 할 일이 아니라는 것이다.

말을 한다는 것은 타인에게 정보를 제공하는 기능만 있는 게 아니다. 이는 말하고자 하는 자신의 욕구를 표출하는 것이자 자신의 느낌을 언어로써 표현하는 일이기도 하다. 겉으로 표현된 느낌은 한층 누그러지게 마련이다. 만일 내가 얼마나 짜증이 나는지, 내가 얼마나 슬픈 상태이며 어느 정도로 실망을 했는지 말로 표현할 수 있다면, 그리고 누군가 내 말을 끊거나 왜곡하거나 변질시키지 않고 이 느낌을 그대로 받아들여줄 수 있다면, 내가 하는 말에 대해 맞다 틀리다 판단을 하거나 괜한 죄의식을 느끼지 않고 이를 수용해줄 수 있다면, 우리는 그 즉시 한결 누그러진 기분을 느끼게 된다.

다른 사람이 말을 할 때에도 우리는 이 사람의 말에 다양한 반응을 보일 수 있다. 상대의 말을 다르게 받아칠 수도 있고, 들어도 못 들은 척 가볍게 넘길 수도 있다. 또 이 사람의 말을 계기로 혼자만의 세계에 빠져들어갈 수도 있으며,

순순히 있는 그대로 받아들이거나 괜히 더 크게 부풀릴 수도 있다.

가령 아이가 "학교가 뭐 대수야?"라고 투정을 부릴 때 우리의 반응은 다음과 같이 여러 가지로 달라진다.

- 아이의 말과 다르게 받아치는 경우

  "아냐, 전혀 그렇지 않아. 학교는 네 미래에 있어 굉장히 중요한 곳이란다."
- 들어도 못 들은 척 가볍게 넘기는 경우

  "(읽던 책에서 눈을 떼지 않으며) 아, 그래?"
- 별것 아닌 듯 단조롭게 받아들이는 경우

  "네 나이 때 엄마는 학교가 참 좋았는데. 한번은 있잖니, 엄마가 말이야……."
- 순순히 있는 그대로 받아들이는 경우

  "학교에서 뭔가 화나는 일이 있었나 보구나."
- 괜히 더 크게 부풀리는 경우

  "무슨 얘기가 하고 싶은 건데?"

가장 최악의 반응은 자기 마음대로 상대의 말을 해석해버리는 것이다.

"버스 타기 싫으니까 학교가 뭐 대수냐고 말하는 거지? 그런 말로 괜히 엄마 걱정시켜서 매일 아침 택시라도 태워서 학교에 보내달라는 거 아냐, 지금?"

이상적인 소통을 하기 위해서는 상대의 말을 경청해 주는 비율이 전체 소통 과정에서 80%를 차지해야 한다. 정말로 상대의 말을 잘 들어주었다면 가장 적절하고 효과적인 반응을 보일 수 있기 때문이다. 그런데 우리의 소통에서는 역설적이게도 이 같은 침묵이 부족하다. 거의 모든 경우에 있어 우리는 너무 자기 이야기만 늘어놓는다. 충분한 정보 전달조차 이뤄지지 않았는데, 그렇게 대략적으로 이해한 것을 두고 또 뭐라고 토를 단다. "내 말은 그게 아니야. 내 말을 왜 이해 못 해? 끝까지 잘 들어보라고!" 그리고 억지로라도 자신의 의견을 관철시키려 고집을 피운다. "그래, 이해했어. 내 말을 듣지 않는 건 바로 너잖아?" 목소리 톤이 올라가고, 좌절감도 높아진다. 대개의 경우, 한쪽이 포기를 해야만 이 '교감'이나 '공감'과 거리가 먼 대화가 마무리된다.

요즘에는 타인의 말을 귀 기울여 듣는 능력을 가진 사람이 드물어서 다들 힘들어한다. 서로가 서로의 이야기를 잘 들어주면 서로에 대한 이해의 폭이 더 커지게 마련이다. 그

Alexei Harlamov, ⟨Moody girl⟩, 1900, oil on canvas, 116.8×88.9cm

리고 상대에 대한 이해가 깊어지면 서로 간에 감정이 격해
지거나 서로 미워하고 싸우는 일도 없어진다.

아이의 말을 정말 귀담아듣기 위해서는 아이 곁에서 아
이가 쉽게 다가올 수 있도록 길을 열어주되, 가급적이면 정
해진 어느 시간이 아니라 다양한 때에 아이의 이야기를 들
어주는 편이 좋다.

아이들은 부모가 여유 있게 이야기를 들어줄 만한 상황
이 아닐 때에 무척 중요한 것들을 부모에게 말하는 경우가
많다. 부모들 입장에서는 아이의 이야기를 제대로 들어주
지 못하는 핑계를 여기에서 찾는 게 아닐까 싶다. 아이의
이야기를 잘 들어주고 싶어도 꼭 바쁜 때에만 골라서 아이
가 말을 건다는 것이다. 하지만 이를 닦을 때건 무언가에
몰두해 있을 때건 학교 앞에서 주차를 할 때건 부모는 아이
에게 이렇게 말할 수 있어야 한다. "이렇게 바쁜 시간에 잠
깐 흘려듣기에는 네가 너무 중요한 이야기를 하고 있잖아.
오늘 저녁때 이 얘기는 다시 한 번 자세히 해보도록 하자.
식사하고 나서 바로 이 이야기부터 하는 거다, 알았지?" 그
리고 이렇게 한 말을 실제로도 지켜야 한다.

아이가 하는 말을 제대로 들어주려면 부산스럽게 "내 말은……"으로 말문을 열어 부모로서의 자신의 입장을 내세우지 말고, 아이의 말을 곡해하지도 말아야 한다. 시간을 내서 조용히 아이의 말을 들어줘야 한다. 아이에게 말할 틈을 주고, "그래, 엄마가 (혹은 아빠가) 들어줄 테니 한번 차근차근 얘기해봐."라는 식으로 아이의 말문이 트이도록 해주는 것이야말로 부모의 역할이다.

내 아이와의 소통은 신기하고 재미난 모험이 될 수 있다. 아이 곁에서 따뜻한 마음으로 아이를 응원하고 우리의 지식을 전해주며 아이의 성장을 지켜보는 일, 그렇게 나날이 발전해 가는 아이의 모습을 새로이 발견하는 일은 부모로서 누릴 수 있는 가장 고귀한 경험이자 감사해야 할 일이다.

조금씩 한 사람의 인간으로서 성장하는 이 작고 어린 존재 덕분에 우리는 우리 자신에 대해 연구해 볼 기회를 가져볼 수 있으며, 생각도 명쾌하게 정리할 수 있다. 뿐만 아니라 일관되게 상식적으로 생각하는 힘도 기를 수 있다. 아이들은 앞뒤가 맞지 않는 우리의 말과 행동을 결코 그냥 넘기지 않을 것이기 때문이다.

쓸데없는 죄책감과 완벽주의에서 벗어나서 안내자이자 아이를 응원하는 지지자의 역할을 하고, 때로는 훈육을 위한 한계선을 만들며 있는 그대로의 아이를 수용하면서 소통하면 우리는 아이가 삶에서 얼마나 즐거움을 느끼는지

오롯이 느낄 수 있을 것이다. 아이의 배움에 대한 끝없는 욕구도 받아들일 수 있다. 또한 우리 아이가 어엿한 성인으로 자라나는 놀라운 변화 과정을 지켜보면서 매일같이 경이로움을 느낄 수 있다.

이 시간들은 무척 빠르게 지나간다. 그러니 이 시간을 즐기자.

내 아이와 소통하기
완벽한 부모는 없다

초판 1쇄 발행 2015년 11월 14일
초판 2쇄 발행 2016년 3월 11일

지은이 | 크리스텔 프티콜랭
옮긴이 | 배영란
펴낸이 | 한순 이희섭
펴낸곳 | (주) 도서출판 나무생각
편집 | 양미애 양예주
디자인 | 김서영
마케팅 | 박용상 이재석
출판등록 | 1999년 8월 19일 제1999-000112호
주소 | 서울특별시 마포구 월드컵로 70-4(서교동) 1F
전화 | 02) 334-3339, 3308, 3361
팩스 | 02) 334-3318
이메일 | tree3339@hanmail.net
홈페이지 | www.namubook.co.kr
트위터 ID | @namubook

ISBN 979-11-86688-17-5 03370

값은 뒤표지에 있습니다.
잘못된 책은 바꿔 드립니다.

국립중앙도서관 출판예정도서목록(CIP)

내 아이와 소통하기 : 완벽한 부모는 없다 / 지은이: 크리스
텔 프티콜랭 ; 옮긴이: 배영란. ── 서울 : 나무생각, 2015
    p. ;   cm

원표제: Bien communiquer avec son enfant
원저자명: Christel Petitcollin
프랑스어 원작을 한국어로 번역
ISBN 979-11-86688-17-5 03370 : ₩12800

자식[子息]
소통(통하다)[疏通]

378.9-KDC6
649-DDC23   CIP2015028852